本书为教育部人文社会科学研究青年基金项目“西方语言哲学思想史编纂与研究”（19YJC740094）的最终成果

西方语言哲学思想流变

谢　群　著

黑龍江大學出版社
HEILONGJIANG UNIVERSITY PRESS
哈尔滨

图书在版编目（CIP）数据

西方语言哲学思想流变 / 谢群著. -- 哈尔滨 : 黑龙江大学出版社, 2021.10
ISBN 978-7-5686-0563-2

Ⅰ. ①西… Ⅱ. ①谢… Ⅲ. ①语言哲学—语言学史—思想史—西方国家 Ⅳ. ①H0-091

中国版本图书馆 CIP 数据核字 (2020) 第 213511 号

西方语言哲学思想流变
XIFANG YUYAN ZHEXUE SIXIANG LIUBIAN
谢 群 著

责任编辑 宋丽丽 张琳琳 刘 霖
出版发行 黑龙江大学出版社
地 址 哈尔滨市南岗区学府三道街 36 号
印 刷 哈尔滨市石桥印务有限公司
开 本 720 毫米 ×1000 毫米 1/16
印 张 12.5
字 数 174 千
版 次 2021 年 10 月第 1 版
印 次 2021 年 10 月第 1 次印刷
书 号 ISBN 978-7-5686-0563-2
定 价 45.00 元

目　录

第一章　概论

语言是人和动物分道扬镳的最后标志。语言在人类生活中的作用不言而喻。语言是什么？这是一个古老却至今没有明确答案的问题。研究者们曾经下过两百多种定义，但都仁者见仁、智者见智。“语言一方面是语言学的研究对象，另一方面又是语言哲学的研究媒介。”①

如果可以将两千多年的哲学史缩写为一句话，那就是“世界的本原是什么”。从泰利斯（Thales）的水本原说到笛卡尔（René Descartes）的“我思故我在”，再到维特根斯坦（Wittgenstein）的“我的语言的界限意味着我的世界的界限”以及海德格尔（Martin Heidegger）的“我们在通向语言的途中”，“语言是存在之家，人居住在语言的寓所中”。哲学家们只是在变换不同的角度来探究世界的本原。第一阶段搞本体论——直逼“存在是什么？世界的本质是什么？”，遇到了打不破的坚冰，只好转向第二阶段——认识论（人是怎样认识到存在的，思维与存在的关系，人的认识的来源、途径、能力、限制是什么），又遇到了麻烦解不开，最后转到第三个阶段——语言论。西方哲学语言转向之后，哲学家开始关注语言与世界的关系问题，期望通过语言分析、解释来揭示以语言为存在方式的人及人的世界，这些哲学研究被统称为语言哲学（philosophy of language）。因此，以揭示人及人的世界为目的的语言哲学与以语言本身（语言单位、语言单位间的关系和语言单位的使用规则等）为目的的语言学就成为整个语言研究过程中的两个不同阶段。

第一节　语言哲学

语言哲学是以语言为对象，通过对语言的分析和解释来揭示人和人的世界的科学②。这就是说，语言哲学家的工作是通过对语言的分析和解释，

---

① 刘辉：《索绪尔与后期维特根斯坦：继承与超越——后期维特根斯坦语言哲学思想系列研究之一》，载《外语学刊》2009 年第 3 期。

② 李洪儒：《现代欧洲大陆语言哲学研究——站在流派的交叉点上》，黑龙江大学博士后研究工作报告 2008 年第 i 页。

来揭示以语言为存在方式的人及人的世界。语言哲学的目的在于语言之外的世界,准确地说,是人及人的世界,而非自在的世界①。

一、语言哲学的概念

语言哲学旨在理解语言本质及其与人、思想和世界的关系。语言哲学家提出并试图回答一些抽象的问题,如:什么是语言,它的目的是什么,我们如何设法互相理解,我们所说的东西在什么条件下有意义,语言的各个组成部分以及我们的语言表达能力的由来。自柏拉图(Platon)以来的大多数哲学家都对语言表现出一些兴趣。例如,赫拉克利特是第一个从多个方面阐述"Logos"的哲学家,亚里士多德可能是第一个系统探讨语言的哲学家。现代哲学的创始人笛卡尔相信存在一种通用语言,它是人类使用的多种语言的基础。这种观点被 20 世纪的语言学家诺姆·乔姆斯基(Chomsky)视为语言能力天生的理论。霍布斯和洛克曾经对语言和思想之间的关系表现出浓厚兴趣。霍布斯在《利维坦》中写道:"既然真实在于断言中名词的正确排列,所以寻求严格真实性的人就必须记住他所用的每一个名词所代表的是什么,并根据这一点来加以排列。否则他便会发现自己像一只鸟,在上了粘鸟胶的树枝上一样,纠缠在语词里,越挣扎就粘得越紧。"洛克认为,语词的使用是我们内部思想外化的标志②。

20 世纪之前,哲学家们尽管对语言感兴趣,但哲学的研究重点并不是语言。古代哲学家,从前苏格拉底时期开始,建立了形而上学的传统,并延续至中世纪。他们主要关心有关存在的本质、存在的事物的类别及其本质、统一性和多样性等问题。从笛卡尔开始,哲学关注的焦点从"存在什么"变为"我们知道什么"。文艺复兴造成的怀疑气氛和打破旧的科学和宗教确定性的迫切需要,使比如"我们怎么会一无所知"之类的问题和"什么

---

① 李洪儒:《现代欧洲大陆语言哲学研究——站在流派的交叉点上》,黑龙江大学博士后研究工作报告 2008 年版第 4 页。

② 洛克:《人类理解论》,关文运译,商务印书馆 1997 年版,第 9 页。

是我们宣称拥有知识的标准”成为重点。从笛卡尔开始，理性主义者和经验主义哲学家尝试用不同的方式建立知识的标准，因此，认识论问题成为哲学关注的核心。

在20世纪初，哲学研究的重心再次发生转移。对语言的专注开始主导哲学并促使其发生“语言转向”。发生这种变化的原因不仅是语言问题的定量研究增加，也包括对旧时的哲学术语的重铸。语言由此而被视为理解和解决哲学问题的主要手段。

德国哲学家弗雷格（Gottlob Frege）、英国哲学家罗素（Bertrand Russell）和摩尔（Moore G E）直接影响了这种范式转变的发生。19世纪末，他们反对德国和英国盛行的主流哲学。众所周知，“分析革命”的根源是弗雷格对德国哲学的心理主义的反抗以及罗素和摩尔对英国理想主义的抗拒。这些哲学家想取代盛行的新康德主义以及带有严格哲学现实主义的唯心主义。他们主要关注真理的本质、现实以及其与思想和世界之间的联系。他们寻求现实的知识及其与人类思想的联系。但是，他们也相信，研究现实就不能不研究、思考和描述现实的主要媒介——语言。他们关注的是作为表达思想的抽象实体的语言，认为如果分析正确，那么其结构可以揭示现实的结构。他们对语言在其社会环境中的实际使用并不关注。

二、现代西方语言哲学

在20世纪，不仅分析学派重视语言问题，欧洲大陆哲学同样重视语言问题，只是两者立场不同。前者是加强和突出语言的逻辑功能，后者则是强调语言在解释现存世界、澄明人生方面的意义①。

在初期，分析哲学的主要特征是：（a）强调严格的论证和明确性，既是将其视为目标，也视为方法；（b）不关注主体的历史；（c）重点关注哲学的关注点和自然科学的关注点之间的联系；（d）相信语言是理解哲学问题的重

① 叶秀山、王树人总主编：《西方哲学史（学术版）》第七卷，江苏人民出版社2005年版，第27页。

要手段，包括有关世界、现实和思想之间的关系问题；(e)采用分析方法并依赖形式逻辑作为分析和阐明哲学的工具①。早期，分析哲学被视为分析思想的工具，新逻辑被视为分析的主要工具，语言是对思想进行分析的主要媒介。对语言的分析将揭示隐藏的逻辑结构，并且在此过程中帮助我们解决古老的哲学问题，因此被称为"分析哲学"。弗雷格和罗素通过发明形式符号式的语言来表达逻辑形式的方法彻底改变了逻辑。这些创新可以被用于构建逻辑上完美或理想的语言，避免普通语言的歧义，清楚准确地表达科学真理。

尽管有很多相似之处，但是下一代分析哲学家的工作方法发生了变化。维也纳小组的哲学家通常被称为逻辑实证主义者，他们的大部分思想来自对前期维特根斯坦思想的某种简化理解。他们将句子的含义与可以验证它的条件联系起来。他们对语言哲学最重要的贡献是强调意义与其认知条件之间的联系，例如验证方法。验证论者的意义理论将分析陈述与综合陈述区分开来，声称分析是像逻辑和数学陈述那样的陈述，因此不提供有关世界的任何信息。另一方面，综合陈述是关于世界的，是通过经验手段进行验证或确认的方法。正如泰勒·伯吉(Tyler Burge)所指出的那样：验证论者原则的初衷是解释为什么哲学(尤其是形而上学)失败了。其想法是，由于哲学没有将验证方法与其大多数主张联系在一起，因此这些主张没有意义。为了有意义并产生知识，哲学被认为应模仿科学，将其主张与检验真理的方法联系起来。因此，逻辑实证主义者代表了语言哲学中一种典型的雄心勃勃的举动，将正确的意义理论作为解决古代哲学问题的手段。受到弗雷格、罗素、卡尔纳普和维特根斯坦的影响，实证主义运动传播了这样一种观点，即对语言意义的研究是哲学的正确起点。语言和含义应该比其他传统起点(例如概念的性质或最初的形而上学原理)能更好地达成最初的共识。

---

① Baghramian M, *Modern Philosophy of Language*, Washington: Counterpoint Press, 1999, p. xxxi.

早期语言分析哲学的一个共同特征是不信任日常语言。例如，弗雷格曾辩称，想要从语言中学习逻辑的人，就像一个成年人想要向儿童学习如何思考。当人们创造语言时，他们正处于幼稚的绘画思维阶段。语言不是衡量逻辑的标准。弗雷格认为，日常语言的一个主要问题是含糊不清，并且包含没有明确划定边界的谓词，因此无法参考。弗雷格希望，在他的逻辑表示法的帮助下，最终可以设计出一种完美或理想的语言，能够以准确的方式表达思想。他的《概念文字》(1879)以及其中发明的逻辑符号，是朝着构建如此精确、理想的语言迈出的一步。

罗素同样否认普通语言有对思想和思想与世界的相关性的正确逻辑和科学理解。他说，英语会给普通语言带来错误的形而上学信念，并通过"对我们自己的言语发生事故的形而上的重要性"而引起错误的世界观，普通语言的组成部分只是为了掩盖语言表达的真实逻辑形式，而语言表达的误导性语法形式已经扭曲了它们[①]。同样，逻辑实证主义者将哲学视为对语言的批判，并参与构建适合于表达科学询问结果的理想语言的研究。

从 20 世纪 30 年代开始，对语言形式方面的关注和理想语言的构建得到了补充，并逐渐由对普通语言的新兴趣取而代之。语言哲学的重点开始从抽象地分析语言转向其在社交中的具体功能。与早期学者关心语义和句法问题相比，语言哲学的这一新阶段集中于关注实用主义问题。

语言的这种刻板的观念开始受到批评，是源于路德维希·维特根斯坦(Ludwig Wittgenstein)，他抨击自己在《逻辑哲学论》(*Tractatus Logico - Philosophicus*,1921)中的表达忽略了语言使用的多方面性，并集中精力在单一语言功能上，即其在代表或描绘世界。

牛津哲学家奥斯丁(Austin)的工作进一步发展了普通语言方法。奥斯丁认为，对语言工作细节的不重视导致哲学家陷入重大的概念错误。由于过于狭隘的语言概念与片面强调语言话语，哲学家陷入了各种错误，包括奥斯丁所说的"描述性谬误"：语词仅用于描述。许多传统哲学关注的问

① Russell B, *Sceptical Essays*, London: George Allen & Unwin Ltd, 1928, p. 182.

题,例如对外部世界的怀疑,自由意志与决定论的争论,都可以通过艰苦的分析和对术语的正确使用的关注来解决或消除。

尽管有许多分歧,维特根斯坦和奥斯丁还是有共同的目标,即观察语言的实际使用并注意语言的语用学,以寻找哲学难题的源头。他们将哲学视为一项活动。特别是对于维特根斯坦来说,这是一种治疗活动,对解决哲学问题很有用。他们坚持认为,哲学问题通常是由于滥用语言而引起的,正如维特根斯坦的著名格言:哲学是通过语言来对抗我们的智力的迷惑的斗争[①]。他们拒绝了早期分析哲学的宏伟的系统建设和基础主义计划,并采取了一种安静主义的态度,这种态度对于更传统的哲学家来说似乎是陌生的。

20 世纪 40 年代和 50 年代从事普通语言哲学研究的另一个重要人物是吉尔伯特·赖尔(Gilbert Ryle),他的工作对心灵哲学产生了重大的影响。像奥斯丁和维特根斯坦一样,赖尔也相信哲学的治疗作用。他最重要的创新想法是,某些哲学学说(例如,心身二元论)源于将属于一个逻辑语言范畴的表达视为属于另一个范畴,例如,认为"思维"属于实质性事物的类别,而不是行为的倾向。像奥斯丁一样,赖尔试图发现反复出现的误解和荒谬理论在语言中的渊源。在这种情况下,他们都是按照摩尔的方式,优先考虑"常识"的判断和直觉,而不是哲学的理论化。

语言哲学家的前几代人主要将语言作为对世界做出正确(或错误)陈述的媒介。相比之下,普通语言哲学家则强调语用学的作用和语言的交际功能,认为对普通语言的工作方式进行的详细研究可以帮助解决许多传统的哲学问题。在这里,可以找到理想语言和普通语言哲学家之间分歧的主要部分。尽管这两个团体都至少在一定程度上承认哲学问题是由普通语言固有的歧义和缺乏清晰性造成的,但他们还是采取了相反的策略来试图解决人们所感觉到的困难。支持理想语言的哲学家通过揭示我们断言的正确的、潜在的逻辑形式,提出对我们普通语言的全面改革。日常语言哲

① Wittgenstein L, *Philosophical Investigations*, Oxford: Blackwell, 2001, p. I.

学家主张对日常语言保持更深入的了解,但他们并不认为需要改进或改革它们。分析哲学的这些阶段之间的共同联系是将语言作为哲学的起点,不关心主题的历史,强调思想和表达的清晰度,以及对分析方法的兴趣。但是,尽管罗素、弗雷格、早期维特根斯坦和逻辑实证主义者都强调逻辑分析,但继摩尔之后,普通语言哲学家对概念分析更感兴趣,这涉及研究语言的普通用法,正如 Hacker 指出的那样:

> 战后在英国实行的"概念分析"是摩尔定律分析的继承人,其中保留了"分析"一词,但其分解为简单成分的含义被抛弃了。同样,将"概念"一词作为术语保留下来,但放弃了摩尔赋予它的现实主义者或柏拉图主义者的含义。如此构想的"概念分析"大致上是为了特定的哲学目的,对语言表达的使用及其通过暗示,排除,预设等方式与其他表达进行规则控制的联系进行描述。

分析哲学的语言转向的下一个阶段可以追溯到奎因(Willard Van Orman Quine)极具影响力的著作《经验主义的两个教条》的出版。第二次世界大战的爆发迫使许多隶属于维也纳小组和逻辑实证主义的哲学家逃往美国,其中最著名的是鲁道夫·卡尔纳普(Rudolf Carnap),阿尔弗雷德·塔斯基(Alfred Tarski),赫伯特·菲尔德(Herbert Feigl)和库尔特·哥尔德(Kurt Gödel),他们的到来对美国哲学的未来发展产生了巨大影响。美国本土的哲学是实用主义,它始于皮尔斯(Peirce)、詹姆士(William James)和杜威(John Dewey),并由刘易斯(Lewis)继续。实用主义哲学家詹姆士,杜威和皮尔斯都专注于真理与有效或有用之间的联系。他们坚持认为,真理是成功科学研究的最终结果,这反过来又使我们能够控制自然。他们认为,关于意义和真理的问题只有在实践中才能回答。许多当代美国哲学家受到实用主义关于真理和知识的观念的影响,特别是奎因、希拉里·普特南(Hilary Putnam)以及理查德·罗蒂(Richard Rorty)。

总体而言,战后美国哲学,尤其是语言哲学太过多样化,很难简单归类。美国语言哲学对分析哲学研究目标的一个重要改变就在于拒绝或者至少是放弃以分析为目的。语言哲学不再关注将概念分解为最基本的组成部分，也不再试图为应用或定义重要的哲学术语或概念提供必要和充分的条件。自20世纪50年代以来，语言哲学在很大程度上已不再关注语法问题，而语法问题现已属于语言学领域。同时，务实的考虑被放到了次要的位置，即使没有被完全忽略。

当代美国语言哲学家关注对人类语言系统的抽象研究，将逻辑上的严格性与理解而不是改革普通语言的目的结合起来。当代美国语言哲学也有两个矛盾之处。一方面，有一种安静和压抑的情绪。在奎因的影响下，丘兰德和罗蒂等哲学家都宣布了哲学的终结，至少在传统意义上是这样。例如，奎因否定了分析综合性区分，导致翻译的不确定性反过来又引起了人们质疑能够对意义进行理论化或说出任何系统性的可能性。因此，从一个重要的意义上说，奎因的语言哲学破坏了语言哲学作为独特的哲学子学科的可能性。另一方面是截然相反的参与形而上学理论建设的意愿和冲动。克里普克(Saul Kripke)、马库斯(Ruth Barcan Marcus)和刘易斯(Lewis David)提出的哲学方法具有很强的形而上学特点。这些哲学家利用模态逻辑和"可能世界"的理论工具来讨论和解决各种哲学问题。在每种情况下，他们的方法都使他们兑现了强有力的形而上学承诺。在克里普克和马库斯的情况下，是本质主义；在刘易斯的情况下，是模态现实主义或对现实世界和可能世界存在的承诺。这样的结果对于20世纪30年代采取反物理学态度的逻辑实证主义者和20世纪40年代的普通语言哲学家来说都是完全不欢迎的。

与第一代和第二代语言分析哲学家的最初目标的另一个偏离是，重点已从研究语言与世界之间的联系转向研究语言与人的思想之间的联系。分析哲学家在语言哲学的前40年中强调语言与世界之间的关系。而日常语言哲学家则专注于说话者与其语言之间的关系。但是，在过去的20年中，人们对人的大脑(和身体的大脑)与语言之间的联系越来越感兴趣，部分原因是语言哲学家提出了许多问题，如果不提及人类心灵的特性，就无法回答。语言哲学在杰里·福多(Jerry Fodor)，比尔·吕肯(Bill Lycan)，泰勒·布尔格(Tyler Burge)和露丝·米利坎(Ruth Millikan)等美国哲学家的观念中,与思维哲学是无法区分的。其他哲学家,例如唐纳德·戴维森(Donald Davidson),已将他们的语言理论与他们的思想理论一起发展。

20 世纪的语言哲学是一个技术含量很高的领域,因此非哲学家不容易理解该领域的最佳著作。本书采用的是宽泛的“语言哲学”概念,指 20 世纪以来以语言为主要课题的哲学研究。

第二节 语言学与语言哲学

“语言学家们更多地从微观的角度关注语言使用的具体情况,希望能够从个别案例分析中得到关于语言使用的一般规律;但哲学家们则更多地从宏观的角度考察语言的基本性质、一般形式以及语言活动与人类生活之间的普遍联系,企图通过语言分析达到理解语言意义并发现人类的理智生活与世界存在之间的普遍联系。”[①]在各种语言研究中,“最为重要的问题是如何理解语言的性质,如何理解人类语言与人类思想的关系”。“一般认为,语言哲学的中心问题是:其一,语言和世界的关系;其二,语言或语词的意义问题。”[②]

语言不仅仅是人的交际工具,而且是人的符号性存在。语言存在的充要条件是人的需要,所以人才是语言的核心要素。这表明,将代表人之存在及其方式的语言的主观意义显现出来,才应该是语言哲学和语言学研究的重点。语言哲学作为学科的目的是揭示人的世界(生活世界),因为只有人的世界才与语言有关。语言哲学的研究对象是日常语言,研究方法是分析和解释。

海德格尔曾经指出,“语言哲学、语言学及其整合性研究的对象应该是

① 江怡:《如何从哲学的视角研究语言》,见陶秀璈、姚小平主编:《语言研究中的哲学问题》,中央编译出版社 2010 年版,第 5 页。

② 陈嘉映:《简明语言哲学》,中国人民大学出版社 2013 年版,第 14 页。

日常语言,而不是科学语言,更不是'诗性语言'"①。"至于语言哲学与语言学整合的实践探索,则需要寻找指向世界和人本身的语言要素。在此基础上,一方面研究其特点和本质,另一方面洞悉其相互关系。"②

最早在学术界提出"两张皮"现象的当数许国璋先生。他借此公开申明我国语言学界存在汉语研究和外语研究老死不相往来的异常情况。由此,"两张皮"这个名词就被用于指两个没有交叉点的现象。李洪儒(2011)将这一个概念借用于指语言哲学和语言学研究之间的关系,指出二者之间急需整合,语言哲学是语言学的营养钵,语言学可以为语言提供丰富的语言事实依据。

"语言就是人运用时代赋予他的全部知识去解释自己和自己的世界(人的世界、生活世界)的符号化结果,就本质而言,它是一种历史性、地方性知识。"③正是语言的这种复杂性使得哲学家从最初的关注世界是什么逐渐转变至关注语言是什么。几千年来,哲学家一直没有停止对语言的思考。当这些观点逐渐发展、汇集,便催生了哲学研究的"语言转向"。作为科学之科学,哲学研究的转向对其他人文社会学科的发展方向产生较大影响。1916年,索绪尔的《普通语言学教程》出版,被视为现代语言学的开端。自此开始,哲学研究与语言学研究就具有无法割裂的联系。尽管二者的研究目的不同,但研究对象都是语言。近年来,在国内外学术界分别涌现出一些将语言哲学家与语言学家的思想进行对比的研究,如Harris(1988)、辛斌(2003)和刘辉(2009),这表示学界已经注意到两个学科之间的共性与整合问题。

卡西尔曾经说过,人的世界只有人的事情,而苍蝇的世界只有苍蝇的事情。因此,人类研究的各个学科的整合都应是以人为核心和基点。作为

---

① 李洪儒:《结束语言研究"两张皮"现象:语言哲学与语言学的整合性研究》,载《当代外语研究》2011年第2期。

② 李洪儒:《结束语言研究"两张皮"现象:语言哲学与语言学的整合性研究》,载《当代外语研究》2011年第2期。

③ 李洪儒:《现代欧洲大陆语言哲学研究——站在流派的交叉点上》,黑龙江大学博士后工作报告2008年版,第121页。

理性的人，所有理性的行为都带有目的性。目的是支配一切理性的人的理性行为的根本原因。交际目的也自然是人类言语交际的根本动因。康德曾经说过，人和动物的区别就在于人能为自己立一个目的。维特根斯坦正是发展了这一观点，将目的性视为语言游戏的根本属性。

综观国内外的现有研究，国外学者较为关注影响说话人话语选择的外在条件，而我国学者更注重从发话人的主观意向探究话语的建构方式。二者切入的角度与关注的重点各有不同。从理论的发展方向来看，国外的理论构念日趋宏观，而国内的理论模式建构越来越细致。从研究的对象来看，国内外学者对语料的选择都相对自由，未对语料的类型进行明确界定，且多采用模拟语料或人工语料，使得很多微观话语成分的作用不能得到体现，导致研究的不全面性。首先，虽然话语的人际语用维度一直受到广泛关注，但是协商性话语一直未被作为一个统一的概念提出并进行系统性研究。其次，人际语用研究的理论框架需要宏观与微观相结合、内因与外因相结合，这样才能更全面、有效地分析话语在人际语用中的功能。再次，话语是使用中的语言，因此话语研究应尽量以大规模的自然发生的真实语料为研究对象，这样可以充分保持话语的原貌，使得很多形式微小但功能强大的话语成分得到足够的重视。最后，目的作为话语选择的决定因素已经得到学者们的广泛关注，但是双方目的之间的作用关系及其最终能否达成共识还未引起学者们的重视。

在未来的研究中，语言学与语言哲学还有很大的整合发展空间。

第一，引入具体语言成分的研究，例如语气词等。作为现代汉语表达语气的主要手段之一，语气词是说话人对命题内容的思想和感情等主观态度的表达标记。它不仅能够表达说话人的情感，也可以反映说话人的意愿、态度和评价，是人类情感表达的具体方式，也是交际意向在话语中的体现手段。但是，目前语气词主观意义的受关注程度尚显不足。反思现有的相关研究成果，强调语气词主观意义研究的重要性，并以真实语料为例，探索音义结合的语气词研究模式，尝试为现代汉语语气词的研究提供一个新的研究路径不失为一个重点研究方向。

第二，引入功能性语言成分的研究，例如协商性话语。我们认为，协商性话语指通过积极建构和谐语境以求实现交际目的的话语成分，是发话人根据不同的交际目的对潜在话语资源进行选择的结果，在人际交往中具有重要的语用功能。协商性话语是一种以功能为判定标准的话语类型，其协商性的特征可以表现在语音、语义或是句法结构等各个方面。话语是人际间建构社会关系的主要桥梁，其选择方式在人际交往中发挥着重要的作用。协商就是通过对话的方式和平友好地共同研究某一问题，以求达成共识。协商性话语作为客观语义信息的补充，可以维护人际关系、建构良好的语境氛围。和谐的交际语境不仅有利于双方互动的顺利开展，也有利于各自实现交际目的。因此，协商性话语是言语交际的调节器，控制着互动的方向与基调。

第二章　起源与意义：古希腊时期的语言哲学思想

古希腊哲学在西方哲学史乃至整个世界思想史上的地位是不言而喻的。几乎西方哲学探讨的所有问题都可以在这一时期找到影子。恩格斯说:“在希腊哲学的多种多样的形式中,差不多可以找到以后各种观点的胚胎、萌芽。”①

一千多年的古希腊罗马哲学大致可以分为三个阶段。第一个阶段是公元前7世纪末至公元前5世纪末,一般称为早期希腊哲学或自然哲学阶段,包括爱奥尼亚地区的米利都学派和爱非斯的赫拉克利特,南意大利地区的毕达哥拉斯学派和爱利亚学派,以及多元论和原子论学派。这一时期也被学术界称为“前苏格拉底哲学”时期。第二个阶段是公元前5世纪末至公元前4世纪末,希腊哲学走向成熟,形成体系,达到鼎盛期,包括智者思潮以及最具影响力的三位西方哲学家:苏格拉底、柏拉图和亚里士多德。这一时期的哲学被称为古典时代的希腊哲学。第三个阶段是公元前4世纪末至5世纪,希腊哲学趋向伦理化、政治化,最终走向神秘化、宗教化,包括伊壁鸠鲁学派、斯多亚学派、怀疑主义学派以及带有宗教神秘色彩的犹太希腊哲学、新柏拉图主义学派等。这一时期被称为晚期希腊哲学或后亚里士多德哲学时期②。

“称古希腊为西方语言学的初始阶段是毋庸置疑的。”③德谟克利特的著作目录表明他曾写过语言方面的专著,普罗狄科则已细致研究了语词的意义问题。智者运动中就语言的本性展开自然论和约定论的争论。在“前苏格拉底哲学”时期,赫拉克利特和高尔吉亚的思想中都涉及语言。后人记载了高尔吉亚三个主要的哲学命题:“无物存在;如果说有什么存在,它也是不可认识的;如果既存在又是可以认识的,也无法向其他人讲明。”④这里就已经涉及语言表达式如何具有意义,也由此开启了西方哲学中有关语

① 《马克思恩格斯文集》第9卷,人民出版社2009年版,第439页。

② 黄颂杰、章雪富:《古希腊哲学》,人民出版社2009年版,第4~5页。

③ 姚小平:《西方语言学史:从苏格拉底到乔姆斯基》,外语教学与研究出版社2018年版,第x页。

④ 《亚里士多德全集》第七卷,中国人民大学出版社1993年版,第18页。

言的思考与关注。

第一节 柏拉图

20 世纪上半叶英国哲学家怀特海将两千多年的西方哲学的发展视为对柏拉图的注释。他说,"欧洲哲学传统最稳定的一般特征,是由对柏拉图的一系列注释组成的"[①]。在柏拉图的对话录中,苏格拉底根据理性主义哲学的基本观点,对语言的本质和历史发展、语用、语形等问题都提出了哲学见解,甚至开始对哲学范畴(语词、概念)做出词源意义的考察。这集中表现在柏拉图的长篇对话《克拉底鲁篇》中。这是一篇研究亚里士多德以前的希腊语言哲学思想的重要文献[②]。

一、语言的起源

我们知道,柏拉图的很多思想都是以苏格拉底与他人对话的形式呈现的。因此,为了区分苏格拉底和柏拉图的思想,学界通常将柏拉图的思想分为早期、成熟期和晚期三个时期。一般认为,早期思想主要是阐述他老师的学说。其中,涉及语言的《克拉底鲁篇》和《泰阿泰德篇》分别属于成熟期和晚期。因此,在本研究中,尽管对话是以苏格拉底的身份展开的,但是我们将这些有关于语言的思想归于柏拉图。

《克拉底鲁篇》的主题是名称的正确性问题。对话中的克拉底鲁坚持自然论,而对话中的赫默根尼持约定论主张。柏拉图在《克拉底鲁篇》中就开始讨论语言的起源和本质问题,特别是名称的正确性问题。他把名称理解为任何指示实体的词,并研究名称(语言)和事物(实在)以及它们两者之间的关系。在《克拉底鲁篇》中,苏格拉底站在克拉底鲁一边,认为事物的

---

① 黄颂杰、章雪富:《古希腊哲学》,人民出版社 2009 年版,第 99 页。

② 叶秀山、王树人总主编:《西方哲学史(学术版)》第二卷,江苏人民出版社 2005 年版,第 528 页。

名称是根据它们的自然本质获得的，并不是每个人都能发明名称，只有那些能够把握事物的本质特性，并且用适当的音节和字母来予以表达的人，才能成为制名者①。

把苏格拉底的分析归纳起来，导致命名的理据难以辨别的主要原因如下：

(1)因时间的推移，初始的得名根据变得模糊不清；

(2)因语音的变化，发音和词形与原初形式相去很远，不溯源析流的话，难以说明一个名称的理据；

(3)因借自外语，某个名称跟其他词毫无语义关系，因此也就没有理据可言。②

苏格拉底实际上对古希腊的这场争论做出了总结。他一方面认为说话与命名是一种人的行为，语言是人们交往中用来传递信息和辨识事物本性的工具。因此，语言的外在形式（语音、文字）有约定俗成性，不同民族的名字制作者使用的声音和音节不同，因而有不相同的语言。语言与名字不是天然自有的，要有人命名的行为活动，不仅约定语言形式，更赋予名字以意义。另一方面，他强调名字的意义不应根据"人是万物的尺度"来任意规定其真假，而应根据它是否表达存在的东西来确定其真假；名字的意义起源于表达事物自身固有的本性，事物的本性和语言之间有自然规定的关系。苏格拉底克服自然论和约定论各自的片面性，比较切实地考察了语言的起源与本性。③

二、语言的意义

柏拉图是西方哲学史上第一位有意识的语言哲学家。他系统地探讨

---

① 姚小平：《西方语言学史：从苏格拉底到乔姆斯基》，外语教学与研究出版社 2018 年版，第 20 页。

② 姚小平：《西方语言学史：从苏格拉底到乔姆斯基》，外语教学与研究出版社 2018 年版，第 24 页。

③ 叶秀山、王树人总主编：《西方哲学史（学术版）》第二卷，江苏人民出版社 2005 年版，第 528 ~ 529 页。

了通过语言去了解实在的可能性这一问题。而这一问题又进一步转化为语言如何映照世界的问题，而这正是现代语言哲学家集中探讨的核心问题，亦即语言表达式如何获取意义的问题[①]。在《泰阿泰德篇》中，柏拉图还讨论了专名问题，提出专名没有含义的观点。[②] 在对话中，苏格拉底在考释名字的词源意义中，还探究当时使用的一些哲学范畴在命名时的本来意义，这是西方哲学史上最早从词源学角度考察哲学范畴的原初意义[③]。苏格拉底认为，"必须按照自然过程用恰当的工具来给事物命名，而不能随心所欲；只有这样我们才能成功地命名，除此别无他途"[④]。《克拉底鲁篇》在语言哲学上的重大贡献就在于，它多方面地考察了语词如何获取意义的问题，从而首次将意义理论明确纳入哲学的视野[⑤]。

分析哲学中的许多语言哲学基本理论的研究，如命名理论包括名字和指称的关系这个中心问题，语义学中的意义理论和意义的真假值问题，语形学和语用学问题等，在《克拉底鲁篇》中都已经开始讨论或有所涉及[⑥]。

第二节　亚里士多德

作为希腊哲学的集大成者，亚里士多德的思想对西方社会科学发展的方方面面都具有重要影响。"亚里士多德把语言理解为一种思想表达的工具。而且，这个观点一直延续到近代西方哲学，乃至洛克、休谟等人。"[⑦]亚

---

① 李国山：《语言批判与形而上学》，商务印书馆 2014 年版，第 24 页。

② 涂纪亮：《维特根斯坦后期哲学思想研究　英美语言哲学概论》，武汉大学出版社 2007 年版，第 425 页。

③ 叶秀山、王树人总主编：《西方哲学史（学术版）》第二卷，江苏人民出版社 2005 年版，第 530 页。

④ 《柏拉图全集》第二卷，王晓朝译，人民出版社 2003 年版，第 61 页。

⑤ 李国山：《语言批判与形而上学》，商务印书馆 2014 年版，第 23 页。

⑥ 叶秀山、王树人总主编：《西方哲学史（学术版）》第二卷，江苏人民出版社 2005 年版，第 531 页。

⑦ 江怡：《如何从哲学的视角研究语言》，见陶秀璈、姚小平：《语言研究中的哲学问题》，中央编译出版社 2010 年版，第 2 页。

里士多德希望通过语言的逻辑分析和日常用法分析来建构一套完整的形而上学体系。他创立的逻辑理论在两千多年的思想长河中经久不衰，至今仍是构成形式逻辑的主干内容。他的形而上学思想中充满逻辑与语言分析，奠定了西方哲学的分析理性传统①。

亚里士多德把推理分为四种：证明的推理、辩论的推理、强辩的推理和错误的推理。其中，错误的推理仅仅是前提选用不当，而其他三种都分别构成亚里士多德各时期的重要的逻辑思想：对证明的推理的论述形成三段论学说，对辩论的推理的论述形成四谓词理论，对强辩的推理的论述形成关于谬误的理论②。

亚里士多德逻辑学的重要内容是通过对语言的逻辑分析来研究事物，以现代哲学的眼光来看就是意义理论。亚里士多德在讨论范畴的过程中，已经展示了多种意义分析方法，对符号与指称的关系问题也进行了一定的研究③。

> 每一个词都应当是清楚易懂的，仅表示一种东西，而不是多种东西。如若所表示的是多种东西，那就要弄清这个词是对什么来说。④

《范畴篇》论述关于“存在”的一些主要范畴，也是关于词项的分类研究。它既是哲学范畴的研究，也是逻辑上的语词意义分析⑤。“范畴”一词在希腊文中兼有“指谓”“表述”“分类”的意思。在《范畴篇》中，亚里士多德通过对普遍性词项的意义分析，落实对存在失误的意义分析，为其建立

---

① 叶秀山、王树人总主编：《西方哲学史（学术版）》第二卷，江苏人民出版社 2005 年版，第 690 页。

② 黄颂杰、章雪富：《古希腊哲学》，人民出版社 2009 年版，第 223 页。

③ 周建设：《亚里士多德的语义理论研究》，载《首都师范大学学报（社科版）》1999 年第 3 期。

④ 苗力田：《亚里士多德全集》第七卷，中国人民大学出版社 1993 年版，第 248 页.

⑤ 叶秀山、王树人总主编：《西方哲学史（学术版）》第二卷，江苏人民出版社 2005 年版，第 691 页。

自己的逻辑学说提供哲学依据[1]。苏格拉底和柏拉图也曾运用分析语词意义的方法,但有自发性,局限于对语词或范畴做单一意义的抽象分析。亚里士多德批评他们没有对多种意义进行区别,因而不能正确地建立和理解哲学范畴。

在《解释篇》中,亚里士多德重点区分了名词和动词。

> 名词是因约定俗成而具有某种意义的与时间无关的声音。名字的任何部分一旦与整体分离,便不再表示什么意义。[2]
>
> 动词是不仅具有某种特殊意义而且还与时间有关的词。动词的部分没有独立的意义,它只是表示由其他事物所述说的某种情况。[3]

亚里士多德不仅注意语言的逻辑分析,也关注语言的日常用法分析。在具体的分析过程中,他特别注意区分语词一词多义的原因是来自种类方面还是用法方面。

> 一个语词到底具有多层含义还是有一层含义,可以用下述方法来考察确定。首先,考察相反者是否具有多层含义,如若有多层含义,其差别是种方面的还是用语方面的。因为在某些场合,仅从用语方面也能发现区别。例如,在形容声音时,尖锐的反义词是低沉的,但在修饰刀刃时,尖锐的反义词则是滞钝的。显然,尖锐的反义词有多层含义,尖锐的也就有多层含义。因为对应于尖锐的不同含义,它的反义词也就不同。因为尖锐的作为低沉和滞钝的反义词时,其含义是不相同的,虽然它都是二者的反义词。再有,在形容声音时,低沉的反义词是尖锐的,但在修饰物体时,其反义词则是轻飘的。可见,既然低沉的反义词有多个,它就具有多层含义。同样,用于说明动物时,漂亮的反义

---

① 叶秀山、王树人总主编:《西方哲学史(学术版)》第二卷,江苏人民出版社 2005 年版,第 691 页。

② 苗力田:《亚里士多德全集》第一卷,中国人民大学出版社 1993 年版,第 49 页。

③ 苗力田:《亚里士多德全集》第一卷,中国人民大学出版社 1993 年版,第 50 页。

词是丑陋的，但在描述房屋时，漂亮的反义词就是粗劣的。因此，漂亮的是个多义词。

有时，语词在用法上并无区别，但在种方面的含义却会立即显现出差别来。例如清和浊，因为它们既可表述声音也同样能说明颜色。在用语上它们并无区别，但在种上的含义，其差别就非常明显，因为用清去指称颜色和声音时含义是不同的。通过感觉也能明显地看到这一点，因为对于同种的东西有相同的感觉，但对于声音和颜色，我们并不是用同样的感觉去判定其明晰性，而是以目视色，用耳听音。①

亚里士多德认为，通过分析由语词的不同用法所导致的意义差异，会大大有助于我们发现事物间的差别，而这种差别的发现又会帮助我们掌握每一类事物的本质②。

此外，在亚里士多德的著述中，我们也同样看到了自巴门尼德、高尔吉亚和柏拉图以来的关于语言、知识和世界三者相统一的论断③。亚里士多德在分析知识时划分出三个层次：第一，必须假定作为科学探究对象的普遍事物实际存在；第二，科学知识本身表现为一种关系，是对普遍事物本质的把握；第三，定义是对科学研究结论的描述与记录，表现为语言表达式。

① 苗力田：《亚里士多德全集》第一卷，中国人民大学出版社 1993 年版，第 369 ~ 370 页。
② 李国山：《语言批判与形而上学》，商务印书馆 2014 年版，第 66 页。
③ 李国山：《语言批判与形而上学》，商务印书馆 2014 年版，第 62 ~ 63 页。

第三章　语词与世界：中世纪的语言哲学思想

在整个西方哲学史上，中世纪哲学可能是“备受冷落”的部分。“如果有人想从中世纪哲学中寻找哲学的独创与富有，那么，他即便不被嘲笑，也会被轻视。”[①]这在一定程度上要“归功于”黑格尔。他在四卷本的《哲学史讲演录》中，用不足百页的篇幅归纳了一千多年的中世纪哲学，并建议人们尽快跨过这个时期，无外乎都体现出其对中世纪哲学的轻视。通常情况下，欧洲的中世纪指公元6世纪到16世纪。严格来说，教父哲学发生在此之前。但是，本章将教父哲学的代表人物奥古斯丁（Aurelius Augustinus，约354—430）和中世纪欧洲哲学的代表人物托马斯·阿奎那放在一起讨论。一方面，因为教父哲学是中世纪时期哲学的直接来源，另一方面是因为在这两个时期哲学与信仰相互交织，矛盾却又相互依存。两位哲学家的思想不仅在对宗教问题与哲学问题的探讨上存在密切联系，在语言问题的思考上也存在重要的延续性。

第一节　奥古斯丁

奥古斯丁，西方古代最善思考、著述最丰的基督教神学哲学家[②]。他是西方教父思想的集大成者，他的著作堪称神学百科全书[③]。他的代表作有《忏悔录》《论上帝之城》《论三位一体》等。其中，《忏悔录》中有一些关于语言习得以及语言与时间的关系的思考。

一、语言习得

维特根斯坦《哲学研究》的开篇引用了奥古斯丁《忏悔录》中的一段话：

> 听到别人指称一个东西，或看到别人随着某一种声音做某

① 叶秀山、王树人总主编：《西方哲学史（学术版）》第三卷，江苏人民出版社2005年版，第1页。

② 姚小平：《西方语言学史：从苏格拉底到乔姆斯基》，外语教学与研究出版社2018年版，第83页。

③ 赵敦华：《西方哲学简史（修订版）》，北京大学出版社2012年版，第124页。

一种动作,我便记下来:我记住了这东西叫什么,要指那件东西时,便发出那种声音。又从别人的动作了解别人的意愿,这是各民族的自然语言:用面上的表情、用目光和其他肢体的顾盼动作、用声音表达内心的情感,或为要求,或为保留,或是拒绝,或是逃避。这样一再听到那些语言,按各种语句中的先后次序,我逐渐通解它们的意义,便勉强鼓动唇舌,借以表达我的意愿。①

维特根斯坦认为,我们可以从奥古斯丁的这段话中得到人类语言本质的一幅特定的图画,即语言中的语词是对象的名称,句子是这样一些名称的联系。在语言的这幅图画里,我们发现了以下观念的根源:每个词都有一个含义,含义与语词一一对应,含义即语词所代表的对象②。

姚小平认为,奥古斯丁的叙说涉及儿童语言发展的普遍规律和内外因素。习得一种语言与读书识字不同,前者是自然而然的过程,后者是人为教化的结果。或者说,母语不是成人教会的,而是儿童自己获得的。因为人具有理智的头脑,才能获得语言;又因为人能自主学习,才能逐步掌握语言。既存的社群和语言,是习得语言的必要条件。表达出自需求,学习始于模仿。手势,加上身势,是有声语言的先导。③

二、语言与时间

中世纪初的大思想家奥古斯丁对语言做了全方位的思考。他把《约翰福音》开篇的一句理解为"太初有言",明确提出言语创生万有的认识④。奥古斯丁区别声音与意义:声音与意义是两回事,声音方面有希腊语、拉丁语的差别,意义却是同一的⑤。奥古斯丁有时也把意义称作内在的语词,内在语词无须通过声音的表达而存在,外在的语词却总是依赖于内在语词的

---

① 奥古斯丁:《忏悔录》,周士良译,商务印书馆 1997 年版,第 11 ~ 12 页。

② 维特根斯坦:《哲学研究》,陈嘉映译,商务印书馆 2016 年版,第 3 页。

③ 姚小平:《西方语言学史:从苏格拉底到乔姆斯基》,外语教学与研究出版社 2018 年版,第 85 页。

④ 陈嘉映:《语言哲学》,北京大学出版社 2003 年版,第 9 页。

⑤ 奥古斯丁:《忏悔录》,商务印书馆 1997 年版,第 196 页。

预先存在而存在的。①

> 哪一样存在的东西，不是凭借你的实在而存在。因此，你一言而万物资始，你是用你的“道”——言语——创造万有。②
>
> 你用了和你永恒同在的“道”，永永地说着你要说的一切，而命令造成的东西便造成了，你唯有用言语创造，别无其他方式；但你用言语创造的东西，既不是全部同时造成，也不是永远存在。③
>
> 时间究竟是什么？谁能轻易概括地说明它？谁对此有明确的概念，能用言语表达出来？可是在谈话之中，有什么比时间更常见，更熟悉呢？我们谈到时间，当然了解，听别人谈到时间，我们也领会。④
>
> 谁敢说不存在的东西也能度量？时间在通过之时，我们能觉察度量，过去后，既不存在，便不能觉察度量了。⑤
>
> 有一点已经非常明显，即：将来和过去并不存在。说时间分过去、现在和将来三类是不确当的。或许说：时间分过去的现在、现在的现在和将来的现在三类，比较确当……我们谈话中，确当的话很少，许多话是不确切的，但人们会理解我们所要说的是什么。⑥

在语言与世界的关系中，时间是奥古斯丁探讨得最多的一个概念。他在《忏悔录》第11节集中探讨了时间的由来、时间的方向以及语言与时间的关系。这部分的研究被认为对胡塞尔的现象学和海德格尔的存在哲学产生深刻影响⑦。他认识到语言在处理时间问题上的独特作用：语言帮助

① 陈嘉映：《语言哲学》，北京大学出版社2003年版，第9页。
② 奥古斯丁：《忏悔录》，商务印书馆1997年版，第236页。
③ 奥古斯丁：《忏悔录》，商务印书馆1997年版，第237页。
④ 奥古斯丁：《忏悔录》，商务印书馆1997年版，第242页。
⑤ 奥古斯丁：《忏悔录》，商务印书馆1997年版，第244页。
⑥ 奥古斯丁：《忏悔录》，商务印书馆1997年版，第247页。
⑦ 余碧平：《中世纪文艺复兴时期哲学》，人民出版社2011年版，第40页。

我们梳理和把握时光,为我们记存感知、固化经验①。

第二节 阿奎那

托马斯·阿奎那(Thomas Aquinas, 约1225—1274)与奥古斯丁同为基督教神学的两个大师②。作为中世纪最伟大的思想家,阿奎那在继承亚里士多德和奥古斯丁的基础上,发展了古希腊时期的语言工具论思想,通过探讨语言与存在的关系,剖析人类语言在表达神圣本质时所产生的语义问题,逐步提出自己的语言本体论思想。

一、语词

阿奎那认为,根据理智的不同,语词分为三种等级。理智的本性有人类、天使和神三种,与之对应,语词也存在人类语词、天使语词和神圣语词三种。阿奎那认为,人类语词内在于人的思想中。人类的语言和天使的语言一样,都不能存在于他们的行为之前,但是神圣语词(上帝之道)却存在于行为之前。原因是上帝的语言本身就是一种行为③。

> 我们根据从万物中吸收知识的方式给事物命名。因此,那些在本性序列上排在其他东西后面的东西通常是我们首先知道的一些,这经常发生在给事物命名的时候,我们首先给一两个东西名字,实际上它指称的首先是那些在存在上为第二者的东西。在上帝和受造物两者名称的用法上,我们有一个清楚的例子。存在,善和语词等诸如此类的都被赋予受造物,然后从受造物转移到上帝,即使存在的实现和善都是首先在上帝那里发现的。
>
> 因此,由于外在语是可感的,我们对它比内在语更熟悉,因

① 姚小平:《西方语言学史:从苏格拉底到乔姆斯基》,外语教学与研究出版社2018年版,第87页。

② 奥古斯丁:《忏悔录》,商务印书馆1997年版,第1页。

③ 转引自许才义:《阿奎那语言哲学研究》,武汉大学博士学位论文2010年。

此，根据词项的应用，声音词比内在语先有意义，即使内在语作为外在语的动力因和终极因在本性上在先。[①]

阿奎那在其晚期作品中强调外在语与内在语之间的能指与所指关系：内在语是外在语的所指，外在语是内在语的能指者。

被理解的意向是理智中所孕生的被理解之物的一种肖像，并且外在语意指它。因此，意向本身就被称为“内在语”，它由外在语所意指。

甚至根据我们的事实，内在语通过声音的表达也被称为话语，仿佛是“话语的话语”，因为它倾向于显现内在语。

在一定意义上，外在语是思想的“表达”。外在语可以意指或显现内在语，但是与内在语却不是完全相符。外在语与内在语之间虽然存在因果关系，但却不是一一对应。这说明阿奎那认为思想与语言的关系本质上是一对多的关系，同一种思想可以由不同的外在语言来表达。

阿奎那以内在语为核心的话语思想直接影响了伽达默尔对当代哲学诠释学的建构。他从阿奎那对语言的三分中领悟到语言对于理解的重要性。伽达默尔在评价阿奎那时指出，人类语言的不完善性和偶然性，与神圣语言相比也许是缺点，但这也同时是人和神之间根本差异的表现。也正是这种“一对多”的关系，为人类语言带来无限可能，使人类语言表达具有多样性和差异性。

二、语言与存在的统一性

史蒂夫·格奥尔格诗云：言词破碎处，无物存在。语言与存在的关系是西方哲学史上一直在讨论的一个重要问题。许才义（2010）以《神学大全》和《论真理》以及《〈约翰福音〉评注》论语言部分的文本为基础，从三个层次上揭示阿奎那对语言与存在的统一性的认识。一是在实体论层面上，阿奎那强调存在的可言说性，认为我们可以通过类比和象征的方式来言说最高的存在——上帝。二是阿奎那的语言哲学是一个内容丰富的庞大体

① 转引自许才义：《阿奎那语言哲学研究》，武汉大学博士学位论文2010年。

系，阿奎那通过对语言的认识论范畴的分析，以语言的统一性为线索来研究这个思想体系就能够将其语言学的实体论、认识论和三位一体论有机地统一起来，并且使得阿奎那的语言哲学与其形而上学、创造论和认识论保持内在的统一，为我们在阿奎那整体思想体系的视域下进一步深入考察阿奎那语言哲学思想奠定基础。①

阿奎那认为，在巴门尼德和柏拉图的思想中，语言是对事物的临摹，对存在没有什么特殊的意义。他们甚至认为语言是不可靠的现象，不能依靠对名称的研究获得关于事物的知识，而要依靠研究事物之间的关系。亚里士多德认为语词无所谓对错，语词只有通过分离和研究才能获得关于事物的知识。

阿奎那通过把奥古斯丁的语词理论整合在亚里士多德的架构中而形成自己的“内在词”理论，并且讨论内在词与外在词、理智与感觉之间的关系，以及系统地探讨知识和真理等方面的问题②。

阿奎那在《论存在者与本质》第一章开头就从语言学的角度来探讨存在者的问题：

> 应该看到，一如哲学家在《形而上学》第5卷中所说，对存在者本身可以用两种方式加以解说：按照一种方式它可以区分为10个范畴；按照另一种方式它则可以意指命题的真实性。这样两种方式之间的区别在于：按照第二种方式，任何事物，凡是能够对之形成一个肯定命题的，就可以被称作存在者，即使那命题并没有肯定什么东西实际存在，亦复如此。这样一来，缺乏(privationes)和否定(negationes)也就可以算作存在者了。因此，我们可以说“肯定是与否定相对立的”以及“盲是存在于眼中的”。但是，按照第一种方式，则没有什么能够说成是存在者，除非能够指出有什么事物实际上存在。这样一来，盲以及诸

① 许才义：《阿奎那语言哲学研究》，武汉大学博士学位论文2010年。

② 许才义：《阿奎那语言哲学研究》，武汉大学博士学位论文2010年。

如此类的东西就不再能够说成是存在者了。[1]

我们可以看出，阿奎那引用了亚里士多德在《形而上学》中的观点，从两个角度对存在进行解说：一个是十范畴，一个是命题的真实性。无论哪个，都是以语言为中心，以逻辑为导向，以语言和存在者真实的相关性为标准[2]。阿奎那不同意亚里士多德有关"按照第二种方式，任何事物，凡是能够对之形成一个肯定命题的，就可以被称作存在者，即使那命题并没有肯定什么东西实际存在，亦复如此"的观点，他采用了两个例子。一个是通过"肯定是与否定相对立的"得出"肯定"和"否定"是存在者是不成立的；另一个是从"盲是存在于眼中的"得出"盲"是一个存在者也是不成立的。因此，他得出结论"按照第一种方式，则没有什么能够说成是存在者，除非能够指出有什么事物实际上存在。这样一来，盲以及诸如此类的东西就不再能够说成是存在者了"。

由此可见，阿奎那反对从肯定性的表达推导出关于某物存在的结论，认为语言与存在之间具有不对称性。同时，他认为语言超越存在，不仅可以表达存在，也可以表达非存在。

> 因此，本质这个词就不是由言说存在者的第二种方式产生出来的。因为按照这种方式，一些事物虽然被称作存在者，但是却并不具有本质，这在"缺乏"的情况下很清楚。毋宁说，本质这个词是由言说存在者的第一种方式产生出来的。因此，评注家在同一处解释说："只有按照第一种方式解说的存在者才可以说是事物的本质。"而且，既然如上所述，按照这种方式所言说的存在者可以区分为10个范畴，则所谓本质就应当意指那些为自然事物所共有的东西，各种不同的存在者就是据此归属到各种不同的属相和种相之下的，如人性乃人的本质，如此

① 转引自段德智：《论存在者与本质》，载《世界哲学》2007年第1期。
② 转引自许才义：《阿奎那语言哲学研究》，武汉大学博士学位论文2010年。

等等。①

阿奎那认为，对存在者的本质的有效言说，不能建立在“肯定命题”上，即使其被认为在形式上没有缺陷。他认为，本质应为那些为自然事物所共有的东西，需要通过亚里士多德提出的十范畴对存在的本质进行言说。

① 转引自段德智：《论存在者与本质》，载《世界哲学》2007年第1期。

第四章　普遍语言：理性主义的语言观

黑格尔在《哲学史讲演录》中写到，笛卡尔事实上是近代哲学的真正创始人，因为近代哲学是以实现为原则的。独立的思维在这里与进行哲学论证的神学分开了。近代理性主义哲学以笛卡尔、斯宾诺莎和莱布尼茨为代表，其主要哲学诉求与数学密不可分。

第一节　笛卡尔

笛卡尔（René Descartes，1596—1650）是近代理性主义哲学的奠基人，他的地位是不言而喻的。他的思想不仅影响了哲学和数学等基础学科，也同样影响了乔姆斯基（Noam Chomsky）。

一、从知识统一性到方法统一性

笛卡尔审视和梳理以往所有的知识类型，发现它们彼此之间并没有组成一个严密的体系。究其原因，笛卡尔认为是它们都从并不可靠的哲学中获取自身的原理，以致知识大厦缺乏牢靠的基础。“为表面上显得松散零乱的知识确立条理与秩序并赋予它们以内在的灵魂和逻辑必然性是笛卡尔给自己确定的一项基本任务。”[①]因此，在《哲学原理》中，笛卡尔提出“知识之树”的理论，被视为世界上最早的知识系谱学设想。由此开始，哲学作为科学之科学的观念从笛卡尔的知识之树的观念中得到全面而明确的表述[②]。

笛卡尔写到，全部哲学就像一棵树，形而上学是树根，物理学是树干，其他一切科学是这个树干上长出的枝条。哲学的功用不是直接的，而是间接的，显示在知识的成果里。就像我们不是从树根和树干采摘果实，而是从树枝的末梢采摘果实一样，我们不可能从形而上学和物理学中直接收获

① 汪堂家、孙向晨、丁耘：《十七世纪形而上学》，人民出版社 2005 年版，第 17 页。

② 汪堂家、孙向晨、丁耘：《十七世纪形而上学》，人民出版社 2005 年版，第 21 页。

哲学的成果[①]。笛卡尔认为,科学自绝于哲学或者说是形而上学就会成为无本之木、无源之水。越是追求科学的统一,就越需要超然于具体学科之上的形而上学。

在笛卡尔的思想体系中,他从未质疑过科学的统一性这一基本假设。他认为知识和科学的统一性需要通过方法的统一来实现。作为近代方法论的奠基人,笛卡尔非常重视方法对研究工作的重要性。他坚信普遍原则和方法是认识普遍真理的基础,进而可以使人们认识特定范围的真理,解决一切主要的难题。因此,在《谈谈方法》中,笛卡尔指出,如果能在任何情况下都坚持做到以下四条就足够了。

> 第一条是:凡是我没有明确地认识到的东西,我决不把它当成真的接受。也就是说,要小心避免轻率的判断和先入之见,除了清楚分明地呈现在我心里、使我根本无法怀疑的东西以外,不要多放一点别的东西到我的判断里。
>
> 第二条是:把我所审查的每一个难题按照可能和必要的程度分成若干部分,以便一一妥为解决。
>
> 第三条是:按次序进行我的思考,从最简单、最容易认识的对象开始,一点一点逐步上升,直到认识最复杂的对象;就连那些本来没有先后关系的东西,也给它们设定一个次序。
>
> 最后一条是:在任何情况之下,都要尽量全面地考察,尽量普遍地复查,做到确信毫无遗漏。[②]

笛卡尔认为,几何学是知识确实性的最高程度,代表了所有知识统一性的理想。因此,他希望能借助几何学的方式来证明形而上学,以便实现知识的统一性。但是,在笛卡尔那里,知识的统一除了表现为方法的统一性之外,还表现为语言的统一性。

---

① 汪堂家、孙向晨、丁耘:《十七世纪形而上学》,人民出版社 2005 年版,第 22 页。

② 笛卡尔:《谈谈方法》,王太庆译,商务印书馆 2011 年版,第 16 页。

二、普遍语言的设想及其影响

1629 年,在写给麦塞内的信中,笛卡尔首次提出建立普遍语言的计划。笛卡尔认为,语言导致思想的不确定性以致使其缺乏严谨性,同时,语言的模糊和混乱给交流带来很多不便。因此,他提议创立一种精确的、具有普遍适用性的语言。

通过之前对几何学和代数的研究,笛卡尔认为,我们可以不受自然语言和日常语言的限制,设计出一种具有普遍性的人工语言系统。这种语言系统严谨、准确,可以避免日常语言中的歧义、模糊以及规则不一。这种语言由简单的原始词语以及一些符号构成,具有一定的规则和秩序。这些可以统一协作反映人们心中的观念,避免由语言带来的思想和观念的混淆。他认为,普遍语言符号的秩序可以模拟自然数的秩序,应该具有无限的生成能力。这样的语言应该可以通过有限的词语和规则生成无限的语句。同时,由于它的语法规范,可以便于人们掌握,也可以使世界上不同国家的人与人之间的交流变得便捷。

笛卡尔认为,发明这种普遍语言不仅有必要,而且有可能,但是要以哲学的建立为基础。"因为没有哲学就不可能列举和安排人们的所有思想,甚至不可能把它们分成清楚简单的思想,而我认为这种思想是获得真正科学知识的最大秘诀。"①

众所周知,笛卡尔是天赋观念论的支持者,他秉承理性主义传统,认为天赋能力是天赋观念的表现。事实上,笛卡尔对观念一词的使用并不统一,也常常被学者们诟病。在《对一个确定计划的评注》中,笛卡尔对早年的天赋观念做出重大修正,不再将天赋观念视为现成于内心的东西,而是将其视为潜在的东西。从积极的角度看,笛卡尔的天赋观念论直击前人没有关注过的问题,进一步激发人们的研究兴趣。他将天赋观念解释为天赋能力,强调人的理性在认识世界中的决定性作用。这种观点不仅影响了莱

① 汪堂家、孙向晨、丁耘:《十七世纪形而上学》,人民出版社 2005 年版,第 32 页。

布尼茨和康德,也影响了语言学家乔姆斯基。

1957 年,当代美国著名语言学家乔姆斯基出版《句法结构》一书,他希望像笛卡尔提出的那样,以"观念清楚明白"的标准来描述语法,并强调人有生成语法的能力。他认为人的大脑中天生具有一个语言习得机制(LAD),这种能力与生俱来。而后天具体讲汉语、英语还是西班牙语,要看其所生活的语境。不同的语境会激活不同的语言资源,使得人习得或者讲不同的语言。乔姆斯基一直声称自己的思想受到笛卡尔的启发,在《笛卡尔式的语言学》(1966)中,他全面阐述了笛卡尔的天赋观念论对自己的语言学理论的影响。他指出,笛卡尔不仅为语言学提出一种普遍的因果性原则,而且认为笛卡尔对于知觉领域中天赋观念的论证为人的认识形式的理论提供非常可信的解释①。乔姆斯基认为,洛克等人根本没有理解笛卡尔,笛卡尔发现了人类语言的基本特征,即无限制,不受刺激控制,具有连贯性且适合情境②。在乔姆斯基的理论中,人类的语言知识由两部分构成:普遍语法和后天习得的语言经验。普遍语法是与生俱来的,以笛卡尔的天赋能力为基础,由生物遗传而产生;后天习得的经验则因语言系统激活的不同而体现出个性化的差异。这种模式在一定程度上为语言学提供了有效的解释模式,也在 20 世纪 60、70 年代引发语言学界和哲学界对天赋观念论的讨论热潮,著名学者普特南和古特曼等都曾参与其中。

第二节　莱布尼茨

17 世纪,西方哲学爆发了经验论与唯理论的大争论,先是培根提出认识起源于经验的原则;继而笛卡尔创立了唯理论,并提出天赋观念的学说,迅速遭到霍布斯等的反驳。17 世纪末,经验论的代表人物洛克发表两卷本

---

① Chomsky N, *Cartesian Linguistics: A Chapter in the History of Rationalist Thought*, New York: Harper and Row, 1966, p.98.

② 汪堂家、孙向晨、丁耘:《十七世纪形而上学》,人民出版社 2005 年版,第 91 页。

的《人类理解论》(*An Essay Concerning Human Understanding*)。他在书中详尽地批驳笛卡尔的天赋观念说,并系统地论证经验论的原则;紧接着,莱布尼茨又站在维护天赋观念说的立场,以柏拉图对话录的形式,与《人类理解论》逐章逐节逐段进行针锋相对的辩驳和多方面的讨论。作为近代德国哲学的引路人,莱布尼茨对数学、逻辑学、伦理学和神学等领域都有深入的研究。他对语言的思考及其对普遍语言的构想更是启发了弗雷格等人对构建形式语言的思考。本节从莱布尼茨与洛克的论辩入手,探讨莱布尼茨的普遍语言观与符号逻辑思想,以期从中挖掘对人工智能发展有益的成分,从语言的角度探讨莱布尼茨语言思想对当今人工智能发展的影响。

一、与洛克的对话

1690 年,洛克的《人类理解论》出版,莱布尼茨迅速发表一些短文对此进行批评。但洛克表示出对这些言论的轻蔑态度,认为根本不值一驳。但值得一提的是,尽管莱布尼茨对洛克的言论持明确的批判态度,但是他同时却坚称他和洛克的思想分歧不是不可调和的,甚至对《人类理解论》给出很高的评价。他说:"《人类理解论》是由一个非常杰出的英国人写的,它是我们时代最好、最受尊敬的著作之一,所以我做了笔记,长期以来一直关注此书涉及的相同问题。"①

(一)对经验决定论的否定

如果灵魂的本来状态为空,类似于一块白板,那么这块白板上书写的一切是否来自感觉经验?莱布尼茨认为,"虽然感觉是我们实际获取知识所必需的,但是它绝不意味着已经足以提供我们全部的知识"②。感觉只能提供例子,进而形成个别的真理,无论例子的数量多么多,都不能够证明一个真理的普遍性。比如,我们看到一个天鹅是白色的,又看到一个天鹅是

① 叶秀山、王树人总主编:《西方哲学史(学术版)》第四卷,江苏人民出版社 2004 年版,第 159 页。

② 叶秀山、王树人总主编:《西方哲学史(学术版)》第四卷,江苏人民出版社 2004 年版,第 159 页。

白色的,最后我们看到成千上万的天鹅都是白色的,但是,我们仍然不能断言说所有的天鹅都是白色的。因为我们看到的天鹅,只能提供给我们个人的真理,不具有普遍性。我们没有看到黑色的天鹅,并不代表黑色的天鹅不存在,只是在我们的经验之外而已。由此可见经验的不可靠性,这使得经验只能成为提供知识的主要方式,而不能成为全部知识的来源。莱布尼茨甚至进而将这一点视为人类和动物的根本区别:"单纯的感觉属于动物性的东西,动物局限于经验,只能记住例子;人则有理性……最聪明的人不相信经验,而是尽可能多地尝试,以找到例外。"①同时,莱布尼茨认为,洛克本人也承认,有些观念不来自感觉,而来自反省,也就是天生的观念。

(二)对洛克语言观的肯定

在《论语词》的开篇,莱布尼茨就对洛克的语言观表示赞同,"人类作为社会性动物天生就有与同类其他成员建立联系的倾向,并有语言这种天赋能力来实现这种社会联系"②。洛克认为,语词就是用于表征、阐明观念的,进而实现与其他成员建立联系的功能。莱布尼茨认同洛克的这一观点,并进一步认为,语言同时也是人类思考、推理的工具,使人类的抽象思想得以记忆、保持。莱布尼茨将人类的语言粗略地分为两大类,一类是词语的语言,例如印欧语系的语言,他认为这类语言具有更多的理性和抽象的成分;另一类是声调的语言,例如汉语,这类语言偏于具体、形象,具有艺术色彩③。他认为后者的层次更丰富,可以通过声调和重音的方式来变化语词,因此可以使用更少的词来表达更多的意义。同时,莱布尼茨虽然承认语言符号的任意性,但他认为语词与观念间的任意联系也是以人类理性为基础。也正是从人类理性出发,莱布尼茨注意到人类语言在理性层面上的共性,进而希望设计其著名的普遍语言来将人类思维形式化。其中,语言层面的哲学思考对他后续的"莱布尼茨之梦"的基础性作用的确是不容置

---

① 叶秀山、王树人总主编:《西方哲学史(学术版)》第四卷,江苏人民出版社 2004 年版,第 160 页。

② 莱布尼茨:《人类理智新论》,商务印书馆 1982 年版,第 297 页。

③ 莱布尼茨:《人类理智新论》,商务印书馆 1982 年版,第 291 页。

疑的。

二、普遍语言与符号逻辑

莱布尼茨被誉为“17 世纪的亚里士多德”，他开创了逻辑数学化的道路。他将所有的推理归于计算，认为：“我们要造成这样的一个结果，使所有推理的错误都只成为计算的错误，这样，当争论发生的时候，两个哲学家同两个计算家一样，用不着辩论，只要把笔拿在手里，并且在算盘面前坐下，两个人面面相觑地说：让我们来计算一下吧！”①

（一）莱布尼茨的设想

1710 年，莱布尼茨在《神正论》中提出建立一种普遍语言的设想，“这种语言是一种用来代替自然语言的人工语言，它通过字母和符号进行逻辑分析与综合，把一般逻辑推理的规则改变为演算规则，以便更精确更敏捷地进行推理”②。他将这种语言称为“人类思想的字母表”（alphabet of human thought），认为在这种语言中，一切理性真理都会被还原为一种演算。莱布尼茨在《人类理智新论》中对语词问题给予了专门讨论，指出观念与外在事物之间的非对称性以及语言的派生性，而且他提出一种关于“普遍语言”的设想，这是一种建立在数学演算基础上的形式语言，可以解决我们在思维活动中的一切争端。

当时，欧洲的各门学科发展迅速，尤其是数学和力学等学科的发展更是突飞猛进。莱布尼茨认为，尽管各学科目前发展趋势很好，但是各门学科之间相互独立，缺乏交流。他将造成这一现象的原因归为各学科独立的语言形式。莱布尼茨认为，为了各门学科更好地发展，应该通过统一科学语言的方式来统一科学，为各门学科建立统一的表达，为认识世界建立统一的表达。基于此，莱布尼茨开始了对构建普遍语言和符号逻辑的思考。

在莱布尼茨之前，哲学史上也有一些哲学家提出过类似的思想，不过

① 肖尔兹：《简明逻辑史》，商务印书馆 1977 年版，第 54 页。

② 莱布尼茨：《莱布尼茨自然哲学著作选》，中国社会科学出版社 1985 年版，第 8 页。

每个人的切入点都不同。莱蒙德·卢里提出过概念组合术的思想,尝试通过基本概念的组合来建立所有可能想象的命题体系。笛卡尔曾经希望通过将数学方法应用于哲学的所有领域来建构“普遍数学”。霍布斯认为逻辑学研究的名词、名称和三段论的推理,在本质上也是一种运算。而莱布尼茨则是受到汉语的启发,认为中国的表意文字与文字符号表现的内容之间有内在的关系,进而提出自己有关普遍语言的设想①。

莱布尼茨认为,普遍语言应该具有以下三个特点:第一,符号与人头脑中的概念,也就是符号的意义,应一一对应;第二,如果人头脑中的概念可分解,那么符号也可以分解;第三,如果人头脑中的概念1与概念2有前件与后件的关系,那么概念1的符号与概念2的符号也应有统一的关系②。莱布尼茨认为,建构普遍语言的首要任务是建构一套与思考之物有一一对应关系的词汇表,其次是提出模仿现实中人们的思维过程的推理规则。他希望能够采用类似算术一样的符号来归纳所有的思想,用这种语言在所有学科中都完成类似算术一样的计算。“倘若我们能找到一些字或符号适宜于表述我们的全部思想,像算术表明数字或几何学的分析表明线那样明确和正确的话,我们就能在一切科目中,在它们符合推理的范围内,完成像在算术和几何学中所完成的东西。”③这就为弗雷格等后世哲学家对日常语言的批判以及对人工语言的建构奠定了主要的基础。弗雷格直接从莱布尼茨那里得到启发,在现有的符号的基础上增加一种新的符号,且这种新符号处于中心的位置,与所有其他符号邻接,以此补充现有形式语言的不足,进而创建他自己的概念文字。

(二)符号逻辑的影响

莱布尼茨认为,符号、世界和逻辑三者是统一的,世界的面貌可以通过计算得出。关于符号的科学应能形成和排列符号,使得这些符号能够表达

---

① 周祯祥、周晟:《普遍语言的两个设想——莱布尼茨与弗雷格的尝试》,载《湖南科技大学学报(社会科学版)》2009年第5期。

② 肖尔兹:《简明逻辑史》,商务印书馆1977年版,第31页。

③ 《弗雷格哲学论著选辑》,商务印书馆2006年版,第23页。

一些思想，或者说使得它们之间具有和这些思想之间的关系等同的关系。一个表达式是一些符号的组合，这些符号能表现被标识的事物。如果被标识的那个事物的观念是由一些事物的一些观念组成的，那么那个事物的表达式也是由这些事物的符号组成的。莱布尼茨认为，词表达对观念的理解，语法则表示观念之间的关系，这就是逻辑。

罗素认为，莱布尼茨的哲学主要就是逻辑学。尽管莱布尼茨并未专门、系统地阐述他的逻辑学，但其在《论普遍语言》和《理性演算的基础》等论文中论述了逻辑学的相关问题。在此基础上，弗雷格、罗素与怀特海等创建命题演算与谓词演算，数理逻辑由此正式发展成一门备受关注的新兴学科。莱布尼茨建立的符号逻辑既是对古典形式逻辑思想的继承，也是现代逻辑发展的起点，可以说，他的符号逻辑思想是从古典逻辑到现代逻辑的关键转折点①。自莱布尼茨提出建立实现思维演算的普遍语言的设想起，数理逻辑便进入高速发展时期。第一阶段是从布尔(George Boole)的逻辑代数到摩根(Morgan De)的关系逻辑，第二阶段是弗雷格在《概念演算》(*Concept Notation*，1879)中建立的量词理论和在《算术基础》(*The Foundations of Arithmetic*，1884)中建立的命题逻辑及一阶谓词逻辑，第三阶段是罗素在《数学的原则》(*The Principles of Mathematics*，1903)中提出的类型论，以及在与怀特海合著的《数学原理》(*Principia Mathematica*，1910—1913)中论述的逻辑类型论。直到1928年希尔伯特和阿克曼证明一阶谓词演算的一致性、1930年哥德尔证明一阶谓词演算的完全性时，莱布尼茨的理想才算部分实现，数理逻辑才算真正创立②。除此之外，莱布尼茨的符号逻辑思想也为当今的人工智能发展提供了基础。

三、对人工智能的启示

莱布尼茨认为，“就一种更广的意义来说，语言的历史也就是一般的人

① 徐华：《莱布尼茨的符号逻辑思想研究》，北京化工大学硕士学位论文2017年。

② 陈波：《逻辑哲学研究》，中国人民大学出版社2013年版，第2页。

类心灵发展的历史”[1]。“语言是人类心灵最好的镜子,而对于语词意义的一种精确分析,将会比任何其他事情都更好地使人认识理智的活动。”[2]莱布尼茨认为世界是符号逻辑的,一切都可以被符号化[3]。这种思想在当今的人工智能领域影响广泛,得到普遍认同。在德国举行的“纪念莱布尼茨逝世的三百周年”大会上,有关莱布尼茨的逻辑思想与人工智能关系的讨论成为一个热点话题。

人工智能的根基源于对“普遍语言”的追求,无论其内核还是目标,都与语言密切相关。语言的意义问题是多年来语言哲学家和语言学家关注的核心问题。鉴于意义的复杂性,完全确定任何一种语言中词语的语义都是悬而未决的难题。因而,人工智能语义难题的出现也就具有其必然性。在塞尔看来,机器是无法使用语言的,因为其不具有理解能力与意向性能力,只有纯形式的符号操作而没有真正的言语行为[4]。作为理性主义的代表人物,莱布尼茨认为事物的逻辑,即科学的结构所依赖的各种物质概念和关系的逻辑,是与符号逻辑分不开的。符号不是思想的偶然外壳,而是它的必然媒介物,更是一种工具,能够使思想内容通过它发展并规定自身。这一思想直接促进了现代计算机雏形的诞生,同时也为如何让机器“听懂人类的语言”指明了方向,因此人工智能也被称为“莱布尼茨之梦”[5]。

以莱布尼茨为首的哲学家们对普遍语言的追求是建立在厌弃自然语言的基础上,这一点使得建立普遍语言的思想在很长一段时间内被误认为是为了取代自然语言。尽管以前期维特根斯坦为代表的分析哲学家认为自然语言存在种种不足,遮蔽我们的思想,带来很多哲学问题,但是也没有

---

① 莱布尼茨:《人类理智新论》,商务印书馆1982年版,第301页。

② 莱布尼茨:《人类理智新论》,商务印书馆1982年版,第383页。

③ 徐华:《莱布尼茨的符号逻辑思想研究》,北京化工大学硕士学位论文2017年。

④ 徐愚:《机器与语言——对人工智能语义问题的探寻》,中共中央党校博士学位论文2016年。

⑤ 黄炎孙:《人工智能的符号主义立场研究——从图灵测试谈起》,北京化工大学硕士学位论文2014年。

要取代自然语言[1]。事实上,莱布尼茨等哲学家希望建立普遍语言的目的是避免歧义,希望符号与意义的对应关系是唯一而绝对的。这样我们在探讨科学问题的时候就可以不受交际工具——语言的影响。恰恰是这种努力为人工智能和人机对话的形成提供了理论支撑。

自 1956 年约翰·麦卡锡(John McCarthy)在"达特茅斯会议"上第一次提出人工智能的概念以来,"人工智能"作为一个新兴的研究领域开始了长达半个多世纪的蓬勃发展[2]。随着研究的不断深入,"人工智能"研究面临的困境逐渐显现出来,进入发展的瓶颈期。简单来说,该研究面临的问题主要来自两方面:一方面是人工智能算法和计算机运算能力的限制,一方面是哲学对心灵和智能等基础概念的混沌状态。其中,哲学家们最关注的是人工智能的语义困境。符号及其语义的实现已经成为限制人工智能理论及其研究的难题[3],但我们可以从莱布尼茨的思想中得到一些启示。

人工智能是否可能具有处理语义的能力?我们认为,莱布尼茨有关普遍语言的思想间接回答了这个问题。人工智能的发展终究无法摆脱人的因素,是人"教会"人工智能各种本领。因此,可以换一个角度思考这个问题。人工智能能否具有处理语义的能力事实上取决于人类对语义的形式化程度。如果我们能将自然语义形式化到莱布尼茨设想的符号与意义一一对应的程度,人工智能当然能具有处理语义的能力。也就是说,问题不是人工智能是否能具有处理语义的能力,而是语言学家能否清晰地将自然语言语义的每个义素形式化。自然语言语义形式化的程度才是决定人工智能发展高度的关键。

自然语言语义的复杂性使得其形式化之路异常艰辛。主观意义的不确定性及其与人的意向性之间的密切联系使得自然语言的逻辑分析面临

① 刘辉:《索绪尔与后期维特根斯坦:继承与超越——后期维特根斯坦语言哲学思想系列研究之一》,载《外语学刊》2009 年第 3 期。

② 徐愚:《机器与语言——对人工智能语义问题的探寻》,中共中央党校博士学位论文 2016 年。

③ 徐愚:《机器与语言——对人工智能语义问题的探寻》,中共中央党校博士学位论文 2016 年。

诸多挑战。以莱布尼茨创立的数理逻辑为基础的现代逻辑研究不仅在创立普遍语言方面表现突出,同时也为自然语言的逻辑分析提供路径。克里普克(Kripke S)以模态逻辑为基础创立的可能世界语义学为自然语言的语义分析以及人工智能的底层语言编码提供设计框架。基于神经网络的自然语言处理与计算机学习能力研究都需要依托高度形式化的普遍语言或是自然语言的语义分析。莱布尼茨的主要诉求是将人使用的自然语言转换为哲学分析使用的普遍语言,而这种普遍语言恰恰可以为当今的计算机使用,为人工智能服务,使得计算机能够将自然语言转化为普通语言,再将普通语言转化为自然语言,以实现"人机对话"。因此,人工智能的发展需要以语言学的研究为基础。普遍语言是人和计算机的交际工具。

对于莱布尼茨在哲学史上的重要性,海涅曾经这样说:"正是莱布尼茨把德国人引上哲学思维的道路。"①这个评价充分肯定了莱布尼茨作为德国哲学领航人的地位。自他开始,德国哲学被唤醒,康德等后世大哲们都不同程度上受到莱布尼茨思想的启示。罗素甚至认为德国哲学枯涩的文风也遗传自莱布尼茨,是他把德国哲学"弄得迂腐而干燥无味"②。然而,"无趣"的莱布尼茨的人工智能梦想却使得现代人的生活丰富多彩。比尔·盖茨曾经说过,自然语言理解是人工智能皇冠上的明珠。语言智能才是人工智能的最高阶段。深入挖掘莱布尼茨的思想可以更好地为自然语言处理提供帮助,以便为推动人工智能的发展贡献语言学的力量。

---

① 俞吾金等:《德国古典哲学》,人民出版社2009年版,第10页。

② 罗素:《西方哲学史(下)》,商务印书馆1981年版,第123页。

第五章　观念论：经验主义的语言观

随着近代科学的兴起,17 世纪的形而上学必须解决知识为何可能以及如何可能的问题,这一问题也就是所谓的知识的确实性问题。近代哲学被认为实现了“认识论转向”,在 17 世纪,认知能力的问题是知识论的关键。这段历史在严格意义上说可能不能算作语言哲学,但是它又是哲学的语言转向的基础。这个时期的一些重要的哲学家都多多少少地在自己的研究或著作中谈及语言,甚至有深入的论述。这些也都为语言哲学的诞生,甚至现代语言学的研究提供了肥沃的土壤。转换生成语法的创始人乔姆斯基就曾明确表示自己的理论是以笛卡尔的思想为基础的,在语言转向的主要推动者维特根斯坦的思想中也可以看到康德理性批判的影子。因此,为了更好地了解现代语言哲学思想的形成过程与理论来源,我们还是有必要了解一下先哲们的语言观。

第一节　培根

作为英国经验主义哲学的先驱,弗兰西斯 · 培根(Francis Bacon, 1561—1626)还创立了近代的归纳法。他的很多思想中都带有显著的近代色彩,反映了近代知识与实验科学的联系。培根清楚地看到语言与认识有密切关系,并明确将语言的滥用看作错误认识和无谓争论的一个根源,而这一观点几乎成为后来经验主义者共同接受的原则。培根不仅坚定地反对语言工具论,还表现出一定的语言本体论倾向。克罗壬认为,正是因为培根对“假相”的分析使他成为语言批判(critique of language)的先驱之一,也是语言分析(linguistic analysis)的开拓者①。

一、市场假相与语义混淆

培根在《新工具》(*The New Organon*)中形象地将科学发展的障碍喻为

① Cloeren H J, *Language and Thought: German Approaches to Analytic Philosophy in the* 18 th and 19 th *Centuries*, Berlin: Walter de Gruyter, 1988, p.56.

“假相”,提出著名的“四假相”说:种族假相(idols of the tribe)、洞穴假相(idols of the cave)、市场假相(idols of the marketplace)和剧场假相(idols of the theatre)①。其中“市场假相”指语言交往中产生的误解。有的语言有其名而无其实,有的语言虽然表示实在,但定义不精确,含义模糊,使用不当,这些都会产生混乱;语言的混乱又会产生思想的混乱,使人是非不分,真假难辨。这相当于现代分析哲学力图消除的“语义的混淆”。市场假相是语言控制思想,思维活动难以摆脱它影响的幻象②。这种假相是由于人们在相互交往的过程中对语词的不当使用而产生的。培根认为人们的交往就犹如市场上的交际一样,语言扮演着重要的角色。如果对名称或概念的理解不当,就会导致名实不符,造成错误的观念,形成假相。因此,语言与世界之间不是一一对应,也不是一种客观的反映关系。语言本身是自足的系统,自己构成一个世界。人类认识世界离不开语言,因此,对世界的认识要从对语言的认识入手。

培根认为市场假相是四种假相中最复杂的一个,它们是通过语词和名称的结合进入人们的理解之中。人们相信是自己的理性在控制着语词,但事实上语词也反作用于理解;而恰恰是这一点使得哲学和科学变得诡辩和无用③。

> 市场假相是四类假相当中最麻烦的一个。它们是通过文字和名称的联盟而爬入理解力之中的。人们相信自己的理性管制着文字,但同样真实的是文字亦起反作用于理解力;而正是这一点就使得哲学和科学成为诡辩性的和毫不活跃的。且说文字,它一般地既是照着流俗的能力而构制和应用的,所以它所遵循的区分线也总是那对流俗理解力最为浅显的。而每当一种具有较大敏锐性或观察较为认真的理解力要来改动那些界线以合于

---

① Bacon F, *The New Organon*, Cambridge: Cambridge University Press, 2000, p.40.

② Bacon F, *The New Organon*, Cambridge: Cambridge University Press, 2000, p.42.

③ Bacon F, *The New Organon*, Cambridge: Cambridge University Press, 2000, p.48.

自然的真正的区划时，文字就拦在路中来抗拒这种改变。因此我们常见学者们的崇高而正式的讨论往往以争辩文字和名称而告结束；按照数学家们的习惯和智慧，从这些东西来开始讨论本是更为慎重的，所以就要用定义的办法把它们纳入秩序。可是在处理自然的和物质的事物时，即有定义也医治不了这个毛病；因为定义本身也是文字所组成，而那些文字又生出别的文字。这就仍有必要回到个别的事例上来，回到那些成系列有秩序的事例上来。①

培根认为在一定程度上语言具有很强的自治力（autonomous power）。正是因为长久以来人们仅仅将语言视为一种工具，才使得语言的本质从未得到真正的显现和充分的认识，所以才使得我们对语言产生了很多的误解。培根尝试性地带领人们摒除这种误解，指出错误的原因，指出哲学语法应该将“语词的本质与能力视为理性的印记”来研究。

二、日常语言的模糊性

培根认为所有的问题都来源于对语言本质认识的不足，但是他也承认这是一个非常复杂的问题。其中，最重要的困难还是来自人类的心灵不是世界的完美反射。培根反对形而上学的讨论与猜测，他认为这些都是无用的，就犹如纸上谈兵。他认为，形而上学批判与心灵批判是分不开的，而心灵批判又必须依赖语言批判来实现。

培根认为语词引起的理解假相有两种。一种是有名称而没有指称对象，或是存在某一事物却没有名称。正如荒诞的假想会产生一些有名无实的名称一样，由于观察不足会把一些事物置而不名。另一种是虽然是存在着的事物的名称，但却含义模糊，定义不当，不能恰当地抽象和概括事物的特点。②

① 培根：《新工具》，商务印书馆1984年版，第30～31页。

② 伍先禄：《培根的语言观及其影响》，载《外语学刊》2009年第4期。

文字所加于理解力的假相有两种。有些是实际并不存在的事物的名称(正如由于观察不足就把一些事物置而不名一样,由于荒诞的假想也会产生一些“有其名而无其实”的名称出来);有些虽是存在着的事物的名称,但却是含义混乱,定义不当,又是急率而不合规则地从实在方面抽得的。属于前一种的有“幸运”、“元始推动者”、“行星的轨圈”、“火之元素”以及导源于虚妄学说的其他类似的虚构。这一种的假相是比较容易驱除的,因为要排掉它们,只需坚定地拒绝那些学说并把它们报废就成了。①

培根详细探讨了第二种含义模糊的情况。他认为这种由错误和拙劣的抽象而引发的情况错综复杂,十分混乱。他以“潮湿的”一个词为例,列举了8种含义用来解释它所指称的对象的混乱。

它可以指称一种容易把自己散布于任何其他物体周围的东西;也可以指称一种本身不定而且不能凝固的东西;也可以指称一种易向各方缩退的东西;又可以指称一种容易把自己联结和集合起来的东西;它还可以指称一种易于流动并易被开动的东西;还可以指称一种易于贴附他物而把它浸湿的东西;也还可以指称一种易于做成液体或本系固体而易于溶化的东西。这样,当你来使用这个词的时候,如用这一个意义,则火焰可以说是潮湿的;如用另一个意义,则空气可以说不是潮湿的;如再换用一个意义,则微尘可以说是潮湿的;如另换用一个意义,玻璃亦可说是潮湿的。我们就很容易看出,原来这个概念只是从水和一般普通液体抽象而得,并未经过什么适当验证的。②

培根希望通过这种方法说明“潮湿的”一词只是一个符号,被人们散乱地使用着,并不具有恒定的指称。这再一次说明日常语言中的概念混乱对

① 培根:《新工具》,商务印书馆1984年版,第31~32页。

② 培根:《新工具》,商务印书馆1984年版,第32页。

科学进步的制约。为了进一步明晰这个问题，培根对语词的模糊与歪曲程度进行了划分。

> 不过文字中的歪曲性和错误性是有若干不同程度的。错误最少的一类之一是些实体的名称，特别是那最低一种的并经很好的演绎而得的名称（如“白垩”和“泥”这概念就是妥当的，“地”这概念就是不妥当的）；错误较多的一类是关于活动的字眼，例如“生成”、“坏灭”、“改变”等等；至于错误最甚的则是关于属性（作为感官的直接对象的属性除外）的字眼，如“重”、“轻”、“稀”、“浓”之类。不过在所有这些情形当中，总有一些概念必然比另一些概念略好一点，这个差别是与人类感官所接触事物的丰富程度的不同成比例的。①

培根对语词使用的层次已经进行了划分并指出其适用不同的范围。遗憾的是，他没有进一步阐述如何确定词语的意义。在近代哲学中，培根较早地意识到日常语言的模糊性对科学发展的限制。这些都为之后的经验主义学者，如洛克探讨日常语言的缺陷问题提供了启发。

三、本体论语言观

语言哲学是一门以语言为对象，通过语言分析和解释来研究人及人的世界的学科。本体论语言哲学将人的意识世界作为语言的意义，认为语言不仅具有工具性的特点，还能外现人的内在世界和创造人的主观世界等。语言本体通过语言的“在”和“是”来解释人的“在”和“是”。语言本体论把语言视为介于人与世界之间的一种中间世界（特殊实在），它使人运用时代赋予他的全部知识去解释自己和自己的世界。

培根在《学问的进步》中写到，言语或论证的产生并不是一种发明，不是去恢复或是重新唤起我们已知的东西，而是去发现我们不知道的东西②。

① 培根：《新工具》，商务印书馆1984年版，第32～33页。

② Bacon F, *The Advancement of Learning*, Vol I, London: Baldwin Printer, 1826, p. 134.

在此基础上，培根表现出一种具有现代意义的观点——语言对于人类是一种先验的存在[①]。

> 我们认为统治着自己的语词，甚至较好地限制了它……但是在某种程度上，语词就像鞑靼人的弓箭一样反作用于我们的理解，甚至也许使我们困惑或是走入误区。[②]
>
> 甚至在某种程度上，语言统治着思想[③]。

语言并不仅仅是沟通人与世界的媒介，它还包含着属于语言自身的成分。语言先于人而存在，先于思想而存在。因此，认识世界必须先认识语言。语言也就自然地成为一种本体——在者/是者(beings)。培根的语言观体现出从工具论向本体论过渡的趋势。他的思想中已经出现语言或许可以独立于思想的意识，并感觉到语言可以展现出一些现实世界不存在的东西，对语言的分析或许可以赋予思想新的成分。尽管培根没有展开更深入的论述，但是这种比弗雷格等人早三百多年的语言批判已经弥足珍贵，为后世学者的进一步探索提供了新方法和新思路。

第二节　洛克

17 世纪开始，学者们注意到语言与思想之间的关系问题，大量著作应运而生。作为近代经验主义的代表人物，洛克在《人类理解论》(1690)的第三卷中专门讨论了语词，分析语言文字的功能与用法、概念的产生与合成、名称与所指对象的关系等等[④]。他认为“观念和语词之间存在着某种十分紧密的联系，如果不首先将语言的本质、功用和意义解释清楚，就根本不可能清晰明确地谈论知识”。

---

① Cloeren H J, *Language and Thought: German Approaches to Analytic Philosophy in the* 18 th and 19 th *Centuries*, *Berlin: Walter de Gruyter*, 1988, *p*. 58.

② Bacon F, *The Advancement of Learning*, Vol I, London: Baldwin Printer, 1826, p. 141.

③ Bacon F, *The New Organon*, Cambridge: Cambridge University Press, 2000, p. 42.

④ 姚小平:《西方语言学史:从苏格拉底到乔姆斯基》,外语教学与研究出版社 2018 年版,第 187 页。

一、观念与语词

洛克在《人类理解论》的"引论"中开宗明义地表明他的哲学旨趣:我的目的就是探讨人类知识的起源、确定性和范围,以及信念、意见和同意的各种根据和程度。

> 当我讨论了我们的观念的起源和构成之后,我开始考察我们的知识的范围和确实性,这时我发现知识与词语有非常密切的联系,以致如果我们不首先仔细研究它们的力量和意义样式,我们对知识所说的话就不可能清楚和恰当,因为知识是关于真理的,所以它总要与各种命题发生关系。虽然知识以事物为归依,但是它在很大程度上要有词语的大量介入,使得词语与我们的概括性知识似乎是不可分割的。①

洛克"从观念的起源和基本形式入手,分析了语词与观念之间的密切关系,同时指出了语词本身的缺陷以及人们对语词的滥用。他认为,观念是私人的,人们要交流思想,就必须用语词作为观念的记号,同时,语词也只有作为观念的标记或代表了观念,才能具有意义"②。他意识到,在各类知识中概念的混乱、语义的含混、词语的滥用已经成为影响知识进步的严重障碍,消除这些障碍迫在眉睫。

洛克的符号观已经相当接近现代语言学家对语言符号的描述,除线性特征外,其他如任意性、规约性、音义结合等基本特征他都曾有论述。

> 字眼所以有意义和功用,既是因为心中的观念和表示观念的那些声音有一种联系,因此,在应用各种名称于各种事物时,人心必须对各种事物有清晰的观念,而且必须保留各个事物的特殊名称,使那个名称专属于那个观念。③

---

① Locke J, *The Works of John Locke*, Routledge / Thoemmes, 1997, p. 20.

② 江怡:《如何从哲学的视角研究语言》,见陶秀璈、姚小平:《语言研究中的哲学问题》,中央编译出版社 2010 年版,第 4 页。

③ 洛克:《人类理解论》,关文运译,商务印书馆 1983 年版,第 390 页。

> 我们已经说过,各种字眼因为习用之故,可以恒常而迅速地在人心中刺激起一些观念来,因此,人们会想象它们中间有一种自然的联系。不过我们很容易看到,它们所指示的是人们的特殊观念,而且它们的含义完全是可以随人意转移的,因为我们虽然以为它们是某些观念的标记,可是有时我们竟然不能用它们来在他人心中刺激起那些观念来。任何人都有一种不可侵犯的自由权利,任意使各个字眼来表示自己心中的观念,因此,别人虽与我们用同一的字眼,可是我们并没有权力来使他们在心中发生那些字眼所表示的同一的观念……自然,普通的习惯,可以借着一种默然的同意,在一切语言中,使某些音专表示某些观念。①

洛克认为语词与观念之间的关系是任意的。

> “我知道,任何语言中,都没有充分多的文字,来契合人在谈论中和推论中所发生的一切花样的观念。不过人在应用任何名词时,他的心中仍能确定地意识到那个名词所代表的观念,而且在当下的谈论中,仍可以使观念和名词紧相密合、不稍违离。”②

索绪尔认为形象(image)与概念之间的关系是任意的。有学者认为,二者是基于不同的哲学观与语言观探讨任意性问题。索绪尔与洛克之间是否有继承与批判的关系、两者观点有何异同、形象与语词和观念与概念之间的异同、索绪尔与洛克的思想之间是否有联系,这些问题都有待进一步研究。

二、意义的观念论

个体语言发生或儿童语言习得不是洛克关注的重点,他的中心议题是

---

① 洛克:《人类理解论》,关文运译,商务印书馆 1983 年版,第 389 页。

② 洛克:《人类理解论》,关文运译,商务印书馆 1983 年版,第 17 ~ 18 页。

观念怎样取得名称,而名称又怎样表达和传递观念。词的用处是其作为观念的明显标志,词所代表的观念是词的恰当和直接的意义。在《人类理解论》中,洛克对观念的解释是:观念“代表一个人在思想时理解中所有的任何物象”①。“人心在自身所直接观察到的任何东西,或知觉、思想、理解等等的任何直接对象,我叫它们做观念。”②

> 因此,字眼所标记的就是说话人心中的观念……但是他纵然可以用自己的观念来向自己表象别人的观念,而且用同一名称来称呼它们,可是他所称谓的那些观念仍是他自己的,仍不是他所没有的。③

一个人怎样恰当地传达自己心中所储存的观念,洛克指出,词语的正常使用需要以两个参照物的存在为前提:一是参照别人心中的观念,二是参照事物的实相。

> 第一,参照于别人心中的观念——第一,人们假设他们的字眼亦可以标记同他们接谈的那些人心中的观念,因为若不如此,则他们的谈话会全无效果,因为同一种声音,他们如用以代表一种观念,听者又用以代表另一种观念,那他们就等于说两种话了。不过在这方面,人们并不常来考察,他们同他们接谈的人,心中所有的观念是否是同一的。他们以为自己所用的文字只要契合于普通语言的固有意义,那就够了。在这里,他们假设,他们用字眼所标记的那个观念,正确乎是同国中用同一字眼的那些有理解的人心中的观念。

> 第二,参照于事物的实相——第二,人们并不愿意让人想自己只是在谈说自己的想象,而不是在谈说事物的实况,因此,他们永远假设,他们的字眼代替着事物的实相。不过这一层多半

① 洛克:《人类理解论》,关文运译,商务印书馆 1983 年版,第 5 页。
② 洛克:《人类理解论》,关文运译,商务印书馆 1983 年版,第 100 页。
③ 洛克:《人类理解论》,关文运译,商务印书馆 1983 年版,第 386 ~ 387 页。

> 又牵涉于各种实体和其名称，正如前一种多半关涉于简单的观念和情状似的，因此，我们可以在后来专门研讨混杂情状和实体的名称时，再来详尽地讨论应用文字的这两条途径。不过我在这里还可以说，我们如果使字眼不代表心中的观念，而代表别的东西，我们就误用了字眼，使它们的意义必然陷于含糊和纷乱。①

陈嘉映将洛克的观念论归为主观观念论，认为其主要问题在于意义有别于联想到的观念。这种观念得到罗素的继承，在19世纪下半叶流行。但是，弗雷格和胡塞尔等人都反对这种“心理主义”的主观观念论，但是仍然将意义理解为观念，后世通常将他们的思想称作“客观观念论”。

洛克对语言的关注使其成为当代西方语言哲学的先驱者。他有关语言的思想得到孔狄亚克的拥护，同时也引发莱布尼茨的思考与批判。有学者认为，现代语义学是在洛克的研究基础上发展起来的。同时，洛克有关语言的思考不仅涉及意义问题，也涉及一些现代语言学研究中的其他问题，比如翻译以及类似今天“跨文化交际”的一系列语言现象。这些都有待于在后续研究中逐步探讨。

第三节　贝克莱

乔治·贝克莱（George Berkeley，1685—1753）是17至18世纪英国经验主义哲学家中最注重形而上学的人，他以激烈地反对形而上学实在论而著称。1710年，贝克莱发表其最重要的哲学著作《人类知识原理》（*A Treatise Concerning the Principle of Human Knowledge*）。他在这本书中指出，以往哲学之所以不能令人满意，在很大程度上是因为没有正确理解和说明什么是存在，没有正确解决最基本的形而上学问题。而他认为，造成这一切的原因在于哲学家们滥用语用，造成各种错误或无意义的概念，阻碍了知识

① 洛克：《人类理解论》，关文运译，商务印书馆1983年版，第377～388页。

的发展①。他说:“我做的或打算做的是要消除词语的迷雾或掩盖,这种迷雾或掩盖已经引起了无知和混乱。这一刻,我们眼前似乎浮现出维特根斯坦的样子:我们的语言遮蔽了我们的思想。”贝克莱也由此成为经验论者中第一个如此重视语言在哲学研究中的地位的学者。

一、语言的性质和滥用

关于认识论研究的必要性,贝克莱和洛克的观点是一致的。不一致的地方在于,洛克认为,认识论研究的首要任务是考察人的认识能力,弄清人类知识的范围和确定性。然而,贝克莱却认为,人具有获得知识的能力和方法。人在认识上的谬误不是由于人的能力有缺陷,而是由于人不能正确使用这些能力,采取了错误的原则。因此,贝克莱采取了和洛克不同的研究路线,首先承认人的认识能力的至上性,然后找出和纠正人们在运用这种能力和获得知识的过程中发生的错误②。

> 第一点,人们以为每一个名称都有而且也应有一个唯一的确定的意义,于是也就认为,一定有一些抽象的、确定的观念,来构成每个普遍观念的真实的、唯一的直接意义。他们还以为,有这些抽象观念做媒介,一个普遍的名称才能指示任何特殊的事物。不过,事实上并没有附加在任何普遍的名称上的一个精确有定的意义,普遍的名称只不过是无分别地指示许多特殊的观念罢了。……并无一个确定的观念来限制三角形一词的含义。要使一个名称一贯地符合于同一个定义,那是一回事,要使它在任何地方都可以代表同一个观念,那又是一回事。前者是必需的,后者是无用的、不可能的。
>
> 第二点,为了进一步说明文字如何能产生抽象观念的学说,

① 叶秀山、王树人总主编:《西方哲学史(学术版)》第四卷,江苏人民出版社2004年版,第372页。

② 叶秀山、王树人总主编:《西方哲学史(学术版)》第四卷,江苏人民出版社2004年版,第372页。

> 则我们还应当说,人们有一种公认的意见:他们都认为语言的目的不在别的,只在传达我们的思想,而且他们以为每一个有意义的名称总表示着一个观念。他们既然如此相信,而且他们同时又知道,赋有意义的名称,也并不总是标记出"特殊的"、可想象的观念来,因此,他们就直接断言,那些名称是表示着抽象的概念。自然,人人都不会否认从事思考的人们所用的许多名称,并不常向他人提示出确定的、特殊的观念来。而且我们稍一注意,就可以发现,即在最严格的论证中,代表观念的有意义的名称,也并不一定在每一次应用时,都要在理解中激起它们原来所表示的观念。在读书和谈论中,各种名称大部分就如代数中所用的字母似的,在这里,每个字母虽标记着一个特殊的数量,不过即在正确推论中每一个字母也并不必在每一步中,都要在你的思想中提示出原来所表示的观念。①

在上述的观点中,第一点是关于语言的表意功能,第二点是关于语言的表情功能。贝克莱反对洛克关于"普遍观念"的思想,认为抽象的普遍观念论的根源就在于语言②。他同意语词的意义在于它所标记的观念,但是不同意将这个原理运用于普遍语词。同时,贝克莱认为,人们误将交流观念当作语言的唯一功用,实际上,语言的功用不仅仅是交流观念,甚至主要不是交流观念,语言还有其他重要的作用。

> 语言的一些目的:此外,我们还可以说,(1)语言的唯一的主要的目的还不只在以文字来传达思想,如一般人所想象的那样,此外它还有别的一些目的;(2)它还可以引起人的情感,刺激起人的行动;(3)还可以阻止人的行动;(4)还可以使人心发生某种特殊的倾向。前一种目的,往往是从属于后三种目的的,而且后三种目的如果不经观念的传达就可以达到,则观念的传

① 贝克莱:《人类知识原理》,商务印书馆 1973 年版,第 14 ~ 15 页。

② 贝克莱:《人类知识原理》,商务印书馆 1973 年版,第 14 页。

达根本不需要。[①]

贝克莱这一思想或猜测的重要性在于，他在某种程度上预见到后来语言哲学对观念论的意义理论的反驳，以及意义理论向着语言行为和语言用法方面的发展[②]。贝克莱列举的语言除交流以外的三个目的分别是语言的信息功能、情感功能和以言行事功能。同时，贝克莱还指出，第一种功能与其他三种功能之间的关系，意味着传递信息的功能也许是语言最不重要的功能。与之相比，语言能够给人的心理以及行动上带来的变化才是更重要的。由此可见，贝克莱对语言的认识已经走出了语言工具论的范围，开始转向关于语言对人的影响。

二、概念的意义分析和心理现象的描述

贝克莱的语言批判强调语言的日常用法，否认所有语词都具有确定的意义，尤其反对将所谓的抽象观念当成概括各词的意义，这就把洛克所假定的事物的"名义本质"取消掉了，而所谓的事物的"实在本质"更是贝克莱不屑提及的[③]。贝克莱通过否定"普遍观念"、批判抽象论，引出两个重要的哲学方法：一个是对概念（语词）的意义分析，一个是对心理现象的观察和描述。[④]

贝克莱充分意识到概念的模糊不清对哲学研究的影响。他认为，概念的澄清要从厘清概念的意义入手，而后者又必须从语言入手。然而，哲学家们滥用语言导致形而上学的灾难，阻碍知识的发展。

因此，贝克莱认为，必须对概念进行澄清，以概念分析的方式来清除其中虚假的东西，发现其真实的意义。在使用通行的哲学概念之前，必须考察它们的意义。

---

① 贝克莱：《人类知识原理》，商务印书馆1973年版，第15页。

② 叶秀山、王树人总主编：《西方哲学史（学术版）》第四卷，江苏人民出版社2004年版，第380页。

③ 李国山：《语言批判与形而上学》，商务印书馆2014年版，第134页。

④ 叶秀山、王树人总主编：《西方哲学史（学术版）》第四卷，江苏人民出版社2004年版，第380页。

想建立一个坚实的、健全的、实在的知识系统，并且以此系统为证明，来抵抗怀疑主义的攻击，最重要的步骤，似乎应该是在一开始时就清晰地解释一下“事物”、“实在”和“存在”三个名称的意义。因为我们如果不能确定那些文字的意义，则我们虽然争辩事物的存在实在，虽然自认为能对此得到任何知识，那也是白费的。①

贝克莱的这种概念分析方法不仅得到后世分析哲学家们的肯定，也使他与洛克等其他经验主义学者划清了界限。在概念分析的过程中，贝克莱意识到语言的使用离不开具体的观念，不然就会产生错误，因此他又诉诸另一种哲学方法——心理现象的观察和描述。

贝克莱充分利用了英国经验主义的心理观察和心理描述的手法，只相信心理事实的证据和对内心观念的观察与体验，否定从个别经验上升到普遍知识的可能性。他认为，观念只有被心灵感知才存在，进而提出自己的“非物质论”的哲学，得到其最著名的直接推论：存在就是被感知。

第四节　休谟

作为认识论时期英国经验主义的最后一个代表人物，大卫·休谟(David Hume，1711—1776)以摧毁自然科学的哲学根基、否定“因果律”而著名，并以其著名的“休谟问题”为标签留名于西方哲学史。

一、印象、观念和语言

与贝克莱相比，休谟对语言的探讨相对较少。他认为，“语言是我们在社会生活中约定俗成的产物，但我们对这种约定并没有形成某种许诺。这样，我们对语言的使用就是任意的，完全根据我们需要表达的观念性质加以确定。他把人类心灵中的一切知觉分为印象和观念，虽然简单的和复杂

① 贝克莱：《人类知识原理》，商务印书馆1973年版，第60页。

的观念都来自简单的印象，但我们必须用一个明确的概念才能固定心灵的印象，这个概念就是抽象概念。但这种抽象观念并不是与特殊观念相等的观念，而只是把一个特殊观念附加在一个普通名词上形成的，通过这种附加，这个名词就由于习惯的联系而与其他许多的特殊观念具有一种关系，而且很容易把这些观念唤回到想象中来”。[1]休谟认为，最终决定一个词语是否有意义的不是它所代表的观念，而是感觉印象。判断一个概念是否有意义，需要先回答“那个假定的观念是从什么印象来的”。如果没有印象，则概念没有意义。在现代经验哲学看来，休谟认为词的意义在于它能够用感觉经验来证实。

二、分析判断与综合判断

休谟承认观念的私有性，词语代表观念。但观念不是最原始的知觉，感觉印象才是。他认为，最终决定一个语词是否有意义的是感觉印象，而不是它所代表的观念。也就是说，词的意义在于它能够用感觉经验来证实[2]。而感觉经验的来源是一个知识所不能回答的问题。

> 如果有人问：我们对于一切事实所做的推论的本性是什么？适当的答复似乎是，这些推论建立在因果关系之上。如果再问：我们关于因果关系的一切理论和结论的基础是什么？这可以用一句话来回答：“经验”。但是，如果我们再追根到底地问：由经验得来的一切结论的基础是什么？这就包含了一个新问题，这个问题最难以解决和解释。[3]

休谟认为，知识可以分为两类：关于观念关系的知识和关于事实的知识。知识由判断组成，关于观念关系知识的命题是分析判断，关于事实知

① 江怡：《如何从哲学的视角研究语言》，见陶秀璈、姚小平：《语言研究中的哲学问题》，中央编译出版社2010年版，第4页。

② 叶秀山、王树人总主编：《西方哲学史（学术版）》第四卷，江苏人民出版社2004年版，第423页。

③ 北京大学哲学系外国哲学史教研室：《西方哲学原著选读》，商务印书馆1981年版，第523页。

识的判断是综合判断。“分析”指词句意义的分析，通过分析表达观念的词句的意义可以揭示其与其他观念的关系；“综合”是通过新的知觉将一个观念同另一个观念结合起来。休谟认为，分析判断是必然真理，综合判断是偶然真理，因为关于观念关系的知识具有确定性和必然性，关于事实的知识只有或然性①。

在英国经验主义者中，休谟是最注意概念、命题的逻辑关系，推理最严密、最细致的一个②。他将经验科学视为描述和演绎、观察和推理的结合，休谟认为，即使是经验命题的推理和结论也必须符合逻辑的规则。此外，休谟还重视分析的方法。在他看来，一切科学都可以将研究对象分解到部分，然后通过研究各个部分来发现对事物整体起作用的各种性质和关系，进而实现研究整体的目的。这些使得休谟一度被视为分析哲学家。

① 赵敦华：《西方哲学简史（修订版）》，北京大学出版社 2012 年版，第 262 页。

② 叶秀山、王树人总主编：《西方哲学史（学术版）》第四卷，江苏人民出版社 2004 年版，第 420 页。

第六章　语言起源：启蒙时代的语言哲学思想

17—18 世纪语言思想发展具备连续性，从洛克、莱布尼茨到孔狄亚克，是同一场讨论的延续，其关心的问题就是人类认识的由来以及认识能力如何形成，而语言则是这种认识能力的重要成分，也许从一开始就是其必要的基础[①]。

第一节　孔狄亚克

作为洛克的弟子，孔狄亚克（Condillac，1715—1780）十分看重语言在认识中的作用。他在《人类知识起源论》中写道："语言问题占了我这本著作的绝大部分……因为我确信符号的作用就像我们所有观念生长发育的种子，是这种发育的原则[②]。"

一、语言的起源

孔狄亚克认为，语言起源于动作和行动，慢慢上升为有声语言。他做了一个假设，假设两个性别不同的孩子在大洪水中幸免于难，而当时他们没有语言，他们该如何交流？因为他们还没有符号，所以只能利用身体姿势、手势和喊叫来交流，而逐渐在这些混沌的、没有确定指称的喊叫中发展出具有相对固定意义的符号。

孔狄亚克是这样形容语言的初始形态的：

> 如果初始语言的韵律接近于唱歌，那么，为了模仿行为语言的可感图像，语言的风格就是一幅真实的图画，采用各种图像和隐喻。例如，为了展示一个受惊吓之人的观念，行为语言只有模仿伤害的喊叫和动作。当人们希望以清晰的声音交流这个观念时，他们还要相应地做出各种各样的表情……行为语言只适合

① 姚小平：《西方语言学史：从苏格拉底到乔姆斯基》，外语教学与研究出版社 2018 年版，第 200 页。

② Condillac, *Essay on the Origin of Human Knowledge*, Cambridge: Cambridge University Press, 2011, p. 8.

于行为的原初状态，只有将说话的声音叠加起来，才能代替行为语言……因为还几乎没有专有名词，说话只有用叠加相似的观念的方式传播思想，形成赘言……渐渐地，语言才习惯于用一个单独词连接观念，而这些观念，从前是由许多语言动作表达的。①

由此引发了孔狄亚克有关观念与语言孰先孰后的思考。在整个《人类知识起源论》中，孔狄亚克都是以语言的起源解释观念的起源。孔狄亚克认为，观念是依靠语言联系起来的，世界是由事件组成的。事件的念头就是观念，把握了观念就掌握了事件，从而形成思想的话语。孔狄亚克的思想与传统倒置，他认为不是思维决定语言，而是语言创造思想②。没有新语言，新思想只能是朦胧的状态，而这需要“语言天才”的努力才能改变，并推动语言的进步。

一个天才发现了某一语言的特性，他使之产生极有力量的表达，贯彻于他的全部作品。有鉴于此，从前不能自己掌握语言的那种特性的其他有才华的人，现在则清楚地接受它，以语言天才为榜样，并仿照表达自己。每人又有自己的特殊性，语言随着新术语渐渐丰富自己……后来人们自然把目光集中于这些出色的作家，作家的语言趣味流行于整个民族。③

与洛克不同，孔狄亚克肯定修辞学对于哲学的意义。而在此之前理性主义对于理想语言的追求奠定了语言先验性的性质，修辞学研究与其对语言本性的理解不同。修辞学不再将语言理解为死板的思想工具，而认为语言是一种创造性的活动。这种对修辞学的关注在一定意义上体现出语言哲学转向的雏形：也就是从词汇及其类比和隐喻的过程来考察思维的

---

① Condillac, *Essay on the Origin of Human Knowledge*, Cambridge: Cambridge University Press, 2011, p. 50.

② 叶秀山、王树人总主编：《西方哲学史（学术版）》第五卷，江苏人民出版社 2005 年版，第 504 页。

③ Condillac, *Essay on the Origin of Human Knowledge*, Cambridge: Cambridge University Press, 2011, p. 189.

过程。

二、符号观

孔狄亚克对符号的认识比洛克和笛卡尔都更深入，他将符号视为人类认识世界中最关键的一步。

> 符号的使用乃是我们发展一切观念的幼芽[①]；精神活动的发展之多少，乃是按照人们对符号的使用程度而定的[②]；知识的起源和进步完全取决于我们使用符号的方式[③]。

他将符号[④]分为三种：

> 第一种，偶然符号，或者说，是一些客体，这些客体由于某些特殊环境而与我们的某些观念连结起来了，因此，这些客体是适宜于唤起那些观念的。第二种，自然符号，或者说，某几种呼喊声，这些呼喊声是大自然为了表达欢乐、恐惧、痛苦等感情而给予我们的。第三种，约定[⑤]符号，或者说，是由我们自己选定的一些符号，这些符号和我们的观念之间只有一种人为的联系。[⑥]

由此可见，相对于前人，孔狄亚克已经具有比较详细的符号观。符号的分类也已经涉及后世探讨的象似性与任意性问题。自然符号与响应自然现象的呼喊相对应，是依靠象似性而产生的；约定符号则是认为规定了、体现了符号与指称对象之间的任意性。无论是自然符号还是约定符号，体现的都是符号与指称对象之间一种相对固定的合作关系，而偶然符号则在特定环境下与某些观念相连，因此二者之间的关系是临时的。可见在孔狄

① 孔狄亚克：《人类知识起源论》，洪洁求、洪丕柱译，商务印书馆1997年版，第9页。

② 孔狄亚克：《人类知识起源论》，洪洁求、洪丕柱译，商务印书馆1997年版，第106页。

③ 孔狄亚克：《人类知识起源论》，洪洁求、洪丕柱译，商务印书馆1997年版，第269页。

④ 法语原文为les signes，洪洁求和洪丕柱译为“信号”。本书参考姚小平（2018）译为“符号”。

⑤ 法语原文为les signes d' institution，洪洁求和洪丕柱译为“制定符号”。本书参考姚小平（2018）译为“约定符号”。

⑥ 孔狄亚克：《人类知识起源论》，洪洁求、洪丕柱译，商务印书馆1997年版，第39页。

亚克的符号观中已经有了语境意识,这些因素都是后世语言研究和语言哲学研究的重要节点。

此外,在孔狄亚克的研究中还体现出关于语言符号线性特征的思考。

> 在心灵中,思想也许不是以直线的方式存在,但它在话语中却要以线性的顺序展开;一个思想可以分解为许多部分,因为它是由一些观念组成的。通过这样做,我们就可以观察甚至了解到人在思维时究竟做了些什么,从而也就可以学会控制我们的反思。思维于是就成为一种艺术,也即言语的艺术……所以,各种语言或多或少与分析的适当性相关联。一种语言越是有利于分析,对心灵的帮助就越大。事实上,我们是通过词语来判断和推理,正如我们运用数字来计算一样;语言与一般人的关系,就像代数与几何学家的关系。①

与培根、洛克、莱布尼茨一样,孔狄亚克也希望通过改革语言工具来促进思维,以便应对时代科学的快速发展;不同的是,他将语言符号视为人类心灵活动不可或缺的工具。孔狄亚克的天才之处,在于他指出语言的创造是思维的创造,表达在思想的前面,这显然是哲学研究程序的颠倒,哲学研究中最早的"语言学转向"。

三、语言与民族文化

孔狄亚克在《人类知识起源论》中"论语言"的最后部分,专门探讨了语言的特性,其中,谈到语言特性对民族和文化的影响以及民族语言与气候之间的关系。

> 民族的性格,较之于个别特殊人物的性格表现得还要明显一些。人民大众是不会以协调一致的行动来掩盖他们的激情的。此外,当一些趣尚为我们全国同胞所共同具有的时候,我们

① Harris R, *Landmarks in Linguistic Thought: The Western Tradition from Socrates to Saussure*, London: Routledge, 1989, pp. 120 – 121.

并不想把我们的趣尚搞得神秘莫测。恰恰相反，我们将以此作为夸耀，而且令我们喜欢的是，这些趣尚能使人了解我们所降生的国家，我们总是受先入之见的影响而拥护这个国家的。因此，这一切全都证明了，各种语言都表现着操这种语言的民族的性格。①

假如语言的特征是按照民族的性格来开始形成的话，那么语言特征自身的发展，只有经由伟大作家的帮助才能达成。②

谈到语言的民族特性，最广为人知的论断可能是洪堡特的“语言是一个民族的世界观”。从上面的原文中，我们可以看出孔狄亚克与洪堡特思想的相似性，但是孔狄亚克比洪堡特早了近一百年。

第二节　卢梭

让－雅克·卢梭（Jean－Jacques Rousseau，1712—1778）通常作为法国启蒙哲学的代表人物而被世人知晓。他著述颇丰，且在教育学、政治学等很多领域都有重要影响。但是，他有一本小册子——《论语言的起源》却很少有人提及。但是，这是一部具有重要学术价值的著作，德里达和列维·斯特劳斯都曾从中汲取丰富的思想资源。

一、语言的起源

1740年，卢梭结识了著名的空想共产主义者马布利及其表弟、哲学家孔狄亚克。卢梭熟悉孔狄亚克有关语言的探索，在读过后者的相关著作之后，卢梭开始对语言起源问题萌生兴趣。

人类为什么需要语言？

一切动物，既然都有感官，所以也都有观念，甚至还会把这

① 孔狄亚克：《人类知识起源论》，洪洁求、洪丕柱译，商务印书馆1997年版，第223页。
② 孔狄亚克：《人类知识起源论》，洪洁求、洪丕柱译，商务印书馆1997年版，第224页。

些观念在某种程度上联结起来。在这一点上,人与禽兽不过是程度之差……在一切动物之中,区别人的主要特点的,与其说是人的悟性,不如说是人的自由主动者的资格。①

一个人一旦将另一个人视为与己类似的、能感知的、能思想的存在,那么,交流感觉与思想的渴望或需要,会促使他寻找交流的方式。这些方式只能产生于感觉,这是一个人能够作用于他人的唯一手段。于是乎有了表达思想的感性符号。语言的发明者并不是通过理性论证,而是通过直觉得出了这一结论。

那么,语言起源于何处?精神的需要,亦即激情。……自然指使我们发出声音、呐喊、哀叹——这些最古老的话语。这可以说明为什么在简约化和系统化之前,最古老的语言像诗歌一样,饱含激情。语言的诞生是在特定条件下的。②

卢梭认为,最初的语言一定是象似性的,本义或自然义都是后来生成的东西。他认为,象征不过是一种意义的转换,而语词之所以能够转换,是因为观念也能做如此的转换。

由于促使人说话的第一个动机是热情,它的第一个表达就是比喻,首先产生比喻性语言,专门固有的意义是最后发现的。只有当我们在事物真正的形式下看到事物时,才用事物的真实名称称谓它们。我们首先只用诗歌说话,很久之后才听命于理智。③

卢梭在这里谈到的"热情"与"比喻"的关系在利科的《诗歌的语言和科学的语言》中得到肯定。利科认为,自然语言经历了从活的隐喻到死的隐喻的过程,科学语言从表面上已经看不出隐喻的根源。

---

① 卢梭:《论人类不平等的起源和基础》,商务印书馆1962年版,第83页。

② 卢梭:《论语言的起源:兼论旋律与音乐的摹仿》,洪涛译,上海人民出版社2003年版,第15页。

③ 卢梭:《论语言的起源——兼论旋律与音乐的摹仿》,巴黎:伽利玛出版社1990年版,第66页。

二、论文字

卢梭在《论语言的起源》开篇写道：

> 言语(speech)区分了人与动物；语言(language)区分了不同的民族；人只要一开口，就会显示出他来自何处。[①]

可见，卢梭的思想中已经有了言语和语言的区分，并暗含了言语的个体性以及语言的群体性。他认为，文字是语言发展和进步的结果，文字越简陋，语言越古老。

> 文字的职责似乎是把说话固定下来，文字其实就是篡改；文字所改变的并不是说话的词汇，而是说话的天性；文字用精确性代替了表情。我们说话时滋生感情，我们写字时生产观念。在书写时，我们被迫把语词放到我们共同接受的空间；但当我们把这共同空间的语词说出来时，就会按照自己的好恶，随着口气的不同而有所变化……我们写出来的话语不可能像我们说出来的话语那样保持长久的灵性。我们能写出声音，但是写不出语气或语调。然而，在抑扬顿挫的语音中，正是各种各样的声音、音调产生语言的最大能量。[②]

他还指出了文字的三种形式，我们也可以将其视为文字发展的三个阶段：

> 文字的最初形式并不是描绘语音，而是要么像墨西哥人那样直接描绘对象自身，要么像古埃及人那样以象形的方法来描绘对象。这种状况与激情式的语言相符，并以基于激情的社会生活及其需要为前提。
>
> 文字的第二种形式是用约定俗成的字来表示词语及命题；

---

① 卢梭：《论语言的起源：兼论旋律与音乐的摹仿》，洪涛译，上海人民出版社 2003 年版，第 1 页。

② 卢梭：《论语言的起源——兼论旋律与音乐的摹仿》，巴黎：伽利玛出版社 1990 年版，第 329 页。

只有在语言有了完善的发展，整个民族为之共享之法律所凝聚，这种文字形式才有可能；因为这种形式包含了双重约定。汉字就是这种类型，这一书写形式既真实地描绘了语音，又诉诸人的眼睛。

第三种形式是将语音切分成一些元素，如元音、辅音之类，由此，一切可以想到的词与音节均能组合。这种为我们所采纳的书写形式必定是商业民族创造的，因为他们的商人在众多国家游历，不得不讲着各种各样的语言，为此他们被迫发明能够为这些语言所共用的字母。确切地说，这是一种分析而非描绘语音的方式。

孔狄亚克也曾经探讨过三种符号，卢梭比他更进了一步，探讨了文字。文字是在口语语言的基础上发展而来的，文字的出现标志着人类文明的进步，在一定意义上也是人类思想的进步。因此，卢梭将文字形式分为三种，或者说认为人类文字的发展经历了三个阶段。当然不同的民族由于其各自不同的性格而可能停留在不同的阶段。

三、语言与音乐

语言与音乐有共性，当然也有不同。都是关于声音，也都可以表达思想。

人类说的第一个故事、第一次的演说、第一部法律，都是诗，诗早于散文，这没有疑义，因为激情先于理智。音乐也是这样，最初的音乐不过是旋律，旋律不过是言语的声音变化，重音构成了歌曲，音长构成了节拍，音节和音量就是言语的节奏和响度……应该说，这两者有着同一个源头，从一开始它们就是同一种东西。①

① 卢梭：《论语言的起源：兼论旋律与音乐的摹仿》，洪涛译，上海人民出版社 2003 年版，第 86 页。

在《论法国音乐的信》(1753)中,卢梭谈了自己对当时法国音乐的看法。他认为音乐的糟糕源于法语本身。

> 法语可能是这样一种语言,它只是由多个哑音或鼻音节组成的复合音,很少有响亮的元音,辅音音节太多。它的元音缺少足够的光泽,于是被迫给出许多符号注解它。由于这种话语是暗哑的,它的音乐也是刺耳的。其次,辅音的生硬和频繁出现迫使许多词被排除了,只有通过声调因素进展为其他声调。①

卢梭批评当时的法国音乐为靡靡之音,却大赞意大利音乐,认为意大利语甜美、响亮、和谐。在他看来,音乐应该尽可能少一些做作,多靠近自然的声音,才会越和谐。

① 卢梭:《论语言的起源——兼论旋律与音乐的摹仿》,巴黎:伽利玛出版社 1990 年版,第 10 页。

第七章　语言的本质：德国哲学中的语言哲学思想

德国哲学,尤其是德国古典哲学,一直被视为西方哲学中的“贵族”。这一时期诞生了很多著名的哲学家,有仰望星空的康德,也有最后一个百科全书式的哲学家——黑格尔。他们的思想对后世的影响是不言而喻的。虽然他们关于语言的思想很少被谈及,甚至被视为不重要的部分,但是,站在当今的时代回首他们有关语言的论述,可以发现百科全书式哲学家的伟大在于他为世界建立了一个逻辑基础、构建了思维的大厦。如果世界是一台不断运转的机器,那么语言可能就是那微不可见却又无处不在的螺丝钉。

第一节 康德

1770 年,康德在他的教授求职论文《论感觉世界和理智世界的形式和原则》中提出一种独特的哲学体系。他不仅否定具有独断色彩的唯理论,而且用自己的体系代替怀疑主义的经验论,从而开创自己哲学发展的批判时期。此后,康德抛弃了自己坚持的莱布尼茨 - 沃尔夫形而上学唯理论的立场,同时质疑休谟的怀疑主义经验论。他从全新的角度对以往的唯理论和经验论实施综合,提出先验主义的批判哲学。作为批判哲学的创始人,康德以《纯粹理性批判》(*The Critique of Pure Reason*)引发了一场波澜壮阔的批判狂潮,而维特根斯坦正是其中最引人注目的弄潮儿。康德通过对理性的批判来重构形而上学的体系,为知识划定界限。而维特根斯坦则站在康德的肩膀上,从逻辑分析角度批判语言,重构形而上学。从这个意义上说,“语言批判”理论是在康德理性之光的照耀下产生的。

康德认为自己处于一个批判的时代,包括纯粹理性在内的一切都应该受到批判。他所说的批判并不是指对于理论和体系的批判,而是对于一般理性能力的批判。在他所处的年代,由于自然科学的重大进步,哲学开始渐渐失去了统治科学的地位。在康德看来,这是在对人类的理性提出诉求,是令他从事理性的一切事业中最艰巨的事业(理性自知之明)的动力。他希望“不以独断的命令而依据理性自身的永恒不变法则而组织一所法庭，以保证理性的合法主张而消除一切无根据的僭妄主张。这种法庭就是《纯粹理性批判》"[1]。于是，纯粹理性既是批判的对象又应该是一个完整的体系。他试图通过纯粹理性自身的批判性考察来达到纯粹理性的自我反思，即最终完成纯粹理性的完整体系。从这个角度看，维特根斯坦在《逻辑哲学论》中从事的"语言批判"同康德的纯粹理性批判有相似之处。

芬兰哲学家斯蒂纽斯在分析《逻辑哲学论》时反对把维特根斯坦看作分析哲学家，主张把他列为康德派哲学家，并且以大量篇幅予以论证。鉴于康德写了《纯粹理性批判》一书，他就把维特根斯坦的《逻辑哲学论》改称为《纯粹语言批判》，似乎书名在语言形式上的相似也能有助于证明维特根斯坦的康德派身份[2]。

一、图型说

康德在《纯粹理性批判》的第二卷第一章提出"图型"(schema)[3]概念。他认为，"每当把一个对象归摄到一个概念之下时，对象的表象都必须是与后者同类的"[4]。在康德看来，一个对象应该被包含在一个概念之下。而属于纯粹知性(verstand)范畴的概念和感性的(sinnlich)直观(anschauung)是完全不同质的，在任何直观中都不可能找到它们。为了指出纯粹知性概念具有能一般地应用于显象(erscheinung)之上的可能，他试图建立一门判断力的先验(transzendental)学说。既然概念与直观之间没有任何共性，那么必须有一个第三者。"它一方面必须与范畴同类，另一方面必须与显象同类，并使前者运用于后者之上成为可能。这个中介性的表象必须是纯粹的(没有任何经验性的东西)，并且毕竟一方面是理智的，另一方面是感性的。这样一个表象就是先验的图型。"[5]

---

① 舒炜光：《维特根斯坦哲学述评》，生活·读书·新知三联书店 1982 年版，第 209 页。

② 舒炜光：《维特根斯坦哲学述评》，生活·读书·新知三联书店 1982 年版，第 208～209 页。

③ 对于 schema 的翻译有很多种，比如"图像"、"图式"和"图型"等，本书统一采用"图型"的译法。

④ 《康德著作全集》第三卷，中国人民大学出版社 2004 年版，第 128 页。

⑤ 《康德著作全集》第三卷，中国人民大学出版社 2004 年版，第 128 页。

康德并没有明确地提出“图型说”这一概念。他认为范畴是先天的,来自知性,经验的东西是来自后天,这两方面结合起来才能构成知识。因此,必须通过一个中介才能将范畴运用于经验对象。同时,知识既有感性的内容又有知性的形式,知性的部分来源于主体,但是感性的内容来自物自体(ding an sich)对于人们感官的刺激。这种不可预知的刺激具有偶然性,它的来源和主体的结构不同。那么来源截然不同的知识成分如何结合在一起呢?康德认为需要一个中介——图型。它具有知性能动特点的同时又是感性的。

康德突破传统的经验论和唯理论的限制,不再简单地把感性经验和理性能力对立起来。他另辟蹊径,确立了感性经验与理性能力之间的知性过程,并把人类的知性能力解释为“一切纯粹概念发展的线索”,认为它是得到一切分析判断和综合判断的最高原理。而在这个知性过程中,“图型”起着至关重要的作用。根据西方哲学家的一般理解,“图型”就是用来组织、描述和解释我们经验的概念网络和命题网络。

“‘图型’这个词是一个希腊词,意思就是说它是有型的、有形象的,它是直观的,但这个图不是那种直接由五官感觉到的图,而是一种形式化的抽象化的图。”康德以狗的概念为例,认为我们的想象力可以根据它来普遍地描画出一个四足动物的形状,而不局限于经验向我们呈现出来的任何一个唯一特殊的形状,也不局限于我们能具体地表现出来的每一个可能的形象。也就是说,当我们用“狗”的概念去看具体的狗的时候,预先在心中要形成一个狗的图型——一个抽象的四足动物的形象。但具体的狗长什么样,比如体态的大小、皮毛的颜色等,我们还不知道,只是设想这个四足动物大致的抽象形象。显然,康德认为我们在用概念把握具体对象的时候首先要形成图型。例如,贝克莱曾经有这样的疑问,谁见过这样一个三角形,它既不是钝角也不是直角、锐角?确实没有人见过这样的三角形,所以贝克莱断言一个抽象的“三角形”的概念不存在。康德却利用“图型”解决了这个问题。他认为虽然抽象的“三角形”的概念在现实的直观中无法显现,但它可以作为一个现实的感性直观跟“三角形”的概念相互结合起来的中介、图型而存在。可见，虽然“三角形”的概念是抽象的，但我们头脑中可以呈现出一个笼统的三角形形象。它既不是锐角，也不是直角或钝角，但它有三个角。这就形成了使我们能够把“三角形”的概念运用到具体的直角、钝角或锐角的三角形中去的一个中介，也就是三角形的图型。

实际上，我们的纯粹感性概念的基础并不是对象的形象，而是图型。也就是说，图型是人的感性概念的基础，是人认识感性对象的中介。兼有知性与感性特点的图型能够如实反映现实的、直观的根本特点，所以能使人形成知性的概念。康德创造性地提出的这个“第三者”的理论，巧妙地解决了知性概念与感性直观之间毫无共性的问题，也同时给维特根斯坦的图像论(picture theory)提供了理论框架。

二、不可言说

康德通过批判人类特有的理性区分了可知的现象和不可知的物自体。与此相应，维特根斯坦通过批判人类特有的语言区分了可说与不可说。这种思路上的一致也在一定意义上反映出两者之间的内在联系。

欧洲大陆唯理论和英国经验论在 18 世纪进行了激烈的论战。其中，休谟提出的彻底怀疑论将经验论推向极致。他通过解构因果关系的手段瓦解了西方哲学和科学的理论基础。但是休谟并不否认客观规律，并且自称是“实在论者”，有一说一，有二说二。他认为看到什么就说什么，没有看到的我就不说，既不肯定也不否定。“康德和休谟有相同之处，休谟就说我们只说我们知道的事情，不知道的不说。康德认为，我们在知识里面发现有这样一个体系，是我们所能够知道的，我们通过反思追溯了这些知识之所以可能的原因，我们知其然而且要知其所以然。”①

休谟的彻底怀疑论向整个西方提出挑战，使西方的全部科学知识体系受到前所未有的质疑。康德曾坦率地承认，“正是大卫·休谟的提醒在多年以前首先打破了我的独断论的迷梦，并且给予我在思辨哲学领域的研究

① 邓晓芒:《康德哲学讲演录》，广西师范大学出版社 2005 年版，第 33 页。

以一个完全不同的方向”。他巧妙运用“对象符合知识”的方法挽救了哲学和科学，为信仰保留了领地。康德认为，近代以来唯理的独断论和经验的怀疑论之所以长期纠缠不休，其根本原因就在于没有把对象区分为可知的现象和不可知的物自体。康德这种“人为自然立法”的区分被视为一个“哥白尼式的革命”。

简单地说，康德把客观世界分成可认识的“现象”和不可认识的“物自体”。他认为，“物自体”是不能被感觉、被表象的，即它不依赖于我们的感觉和表象。与作为经验对象的“现象”不同，“物自体”既是超验的，又是先验的，是我们无法经验的东西。康德自己在《纯粹理性批判》中说：“自在之物可能是什么，我并不知道，而且这也不需要知道，因为一物除了在现象中外，毕竟永远也不可能出现在我面前。”鉴于物自体是不可认识的，所以对这部分要“保持沉默”。但是，有学者认为把世界分为可知的“现象”和不可知的“物自体”，是一个不可知论的危险倾向。有学者据此认为维特根斯坦关于不可言说的部分具有神秘主义色彩，也是一种不可知论的体现。这在一定意义上也体现出二者之间的联系。

第二节　黑格尔

黑格尔（Georg Hegel，1770—1831）构建了近代哲学史上最完备的哲学体系[①]。主体性哲学肇始于笛卡尔，经由康德至黑格尔发展到顶峰。但是，黑格尔有关语言的思考则很少受到学者们的关注。20 世纪下半叶，随着英美分析哲学的蓬勃发展，黑格尔的语言观吸引了一些美国哲学家的目光，如加州洛杉矶大学的麦克卡姆博（John McCumber）、丹佛大学的舍伯（Jere

① 高宣扬：《德国哲学通史》第一卷，同济大学出版社 2007 年版，第 300 页。

O'Neil Surber)、芝加哥大学的福斯特(*Michael Forster*)①。

麦克卡姆博认为,黑格尔的语言观念是可以满足思想和真理的思考的。他宣称他将证明黑格尔是一位语言哲学家,是罗蒂说的"语言转向"的第一个主要哲学家。像维特根斯坦、摩尔和奥斯丁——实际上,像卡尔纳普、罗素和奎因——黑格尔认为所有的哲学问题都是语言问题。它们都可以得到解决,要么通过改革语言,要么通过更好地理解语言。所谓"更好地理解语言",意思是他认为语言有改革自己的能力,他的哲学的目标就是语言的理性提升。②

在黑格尔学说中,语言存在论和工具论以一种奇怪的方式糅合在一起。黑格尔在逻辑学中对于语言的态度,与在精神现象学中大不相同:语言的逻各斯精神在现象学中尚处于自然意识的阶段,在逻辑学中则提升为自为的本质阶段。③

> 语言是纯粹自我本身的特定存在;在语言中自我意识的自为存在着的个别性作为个别性才获得特定存在,这样,这种个体性才是为他的存在。我,作为这样纯粹的我,除了在语言中以外,就不是存在在那里的东西。④

在以往的研究中,学者们基本都承认黑格尔哲学中有语言与逻辑的二分,但关于二者之间关系的看法不一。伽达默尔在 20 世纪 70 年代的"黑格尔五论"中指出,尽管黑格尔注意到语言问题的复杂性,但是仍然发扬了亚里士多德以来的逻各斯传统,希望在自然语言中抽取确定而清晰的逻辑

---

① 他们的相关著作信息为:McCumber John, *The Company of Words*: *Hegel*, *Language and Systematic Philosophy*, Northwestern University Press, 1993; Surber J O, *Hegel and Language*, State University of New York Press, 2006; Forster M N, *After Herder*: *Philosophy of Language* in the German Tradition, Oxford University Press, 2010; Forster M N, *German Philosophy of Language*, *From Schlegel to Hegel and Beyond*, Oxford University Press, 2011.

② McCumber J, *The Company of Words*: *Hegel*, *Language and Systematic Philosophy*, Northwestern University Press, 1993, p. 20.

③ 邓晓芒:《思辨的张力——黑格尔辩证法新探》,湖南教育出版社 1992 年版,第 139 页。

④ 黑格尔:《精神现象学(下卷)》,贺麟、王玖兴译,商务印书馆 1979 年版,第 55 页。

结构,以求描述语言之外的“逻辑实在”①。黑格尔在《逻辑学》第二版的序言中指出,思维形式首先表现和记载在人的语言里②。他认为,因为语言几乎等同于思维本身,所以语言是系统的,语言是一个言语体系。符号是没有体系的,声音也是没有体系的,而语言是一个体系,语言是声音加体系。一般的符号之间,它们不会是必然互相联系的,而语言这种特殊符号,它必须是一个多元联系的“系统”。黑格尔认为,正是语言比较好地让思维出现,所以思维把自己的逻辑本能地置于语言中,逻辑因此而具有“语言的本能”③。

第三节　施莱尔马赫

施莱尔马赫(Friedrich Schleiermacher,1768—1834)通常被视为现代诠释学(hermeneutics)④之父,同时他也是自由主义神学的教父。他将诠释学从对《圣经》的诠释中解放出来,立志将其发展为一种普遍的方法。巴尔特这样评价他在哲学史上的地位:他没有开创一个学派,而是开创了一个时代⑤。从他开始,诠释学从一种解释的技艺转变成把握人类精神统一性的普遍科学。施莱尔马赫对神学以及语言的关注,使其在浪漫主义哲学时期为诠释学的发展提供了一个新的转机。同时,也有学者认为他在一定意义上开启了哲学的语言转向,是近代哲学向现代哲学过渡的桥梁⑥。

① 李钧:《语言是逻辑的本能:黑格尔语言观再思考》,载《复旦学报(社会科学版)》2019 年第 4 期。

② 黑格尔:《逻辑学(上卷)》,杨一之译, 商务印书馆 1966 年版,第 7 页。

③ 李钧:《语言是逻辑的本能:黑格尔语言观再思考》,载《复旦学报(社会科学版)》2019 年第 4 期。

④ 关于 hermeneutics 的译文问题,本书中未做区分。学界对其的常用译文有“解释学”“诠释学”“阐释学”。

⑤ 汉斯·昆:《基督教大思想家》,社会科学文献出版社 2001 年版,第 151 页。

⑥ 俞吾金等:《德国古典哲学》,人民出版社 2009 年版,第 317 页。

一、语言诠释学

在20世纪60年代之前,人们对施莱尔马赫知之甚少,即使了解,也多是关于他作为宗教学者的身份。直到伽达默尔和他的学生整理并出版了施莱尔马赫的全部手稿,他的诠释学思想才得以第一次展现在人们的面前。

施莱尔马赫的诠释学通常被学界称为语言诠释学,这也在一定意义上凸显了他对语言的重视度。他指出,诠释学的原则和规则的制定必须依据已经被研究过的话语的性质。他首先在原有的语义学规则的基础上补充几条新规则,其中最主要的是所理解的文本必须置于它赖以形成的那个历史语境中。在这种意义上说,诠释就是被研究过的"话语"的历史的和直观的、客观的和主观的重建[①]。这种意义的双重重构可以分为四种:第一,客观历史的重构,旨在认识话语如何与产生它的语言和知识的整体相关联;第二,客观预期的重构,旨在推测话语在语言系统中是如何发展的;第三,主观历史的重构,可以认识话语是如何在精神中产生的;第四,主观预期的重构,是推测包含在心灵中的思想会如何继续影响话语。其中,客观的重构关注话语与语言的关系,主观的重构关注话语与心灵的关系。[②]

在施莱尔马赫看来,语言学与诠释学的区别就在于是否考虑到心理分析的部分。因此,诠释学的规则被施莱尔马赫分为语法学部分和心理学部分两个同等重要的部分,他分别对其进行了有条理的阐述。其中,属于语法学的解释规则有二。(1)在某个给定的话语中,一切需要进一步确定的东西,都必须通过言说者以及当时民众共同的语言领域予以确定。这一规则消解了语言意义的统一性,为语言运用过程中的多义性张目。(2)单一语词的意义要通过其语境关联得以确定。这两点相互补足,第一点将语句

① 高宣扬:《德国哲学通史》第一卷,同济大学出版社2007年版,第278页。

② 俞吾金等:《德国古典哲学》,人民出版社2009年版,第327页。

中包含的意义当代化，第二点肯定语词在其话语关联中的局部性意义。[①]这一点体现出施莱尔马赫对于意义诠释的理解，他已经注意到个体理解与语言意义共性之间的关系，强调诠释必须兼顾个性与共性。同时，第二点也体现出语境在话语理解中的地位。

施莱尔马赫的研究目标是使诠释学成为一个普适的方法，而这一切必须建立在分析和揭示语言与思想的本质的基础上。在语言与思想的关系方面，他认为，言语是使具有共同性的思想成为可能的中介。关键在于，这种兼具共同性和独特性的思想是如何借助语言而表达的呢？施莱尔马赫认为，“直观”（intuition）在此起到关键作用。他将“直观”解释为能够直接地“猜测”并把握原文作者的整体思想的本能，具有与客观对象相同的功能和进行比较的倾向[②]。这为思想在人类共同体中的传播提供了可能性。语言又为这种可能性提供了“交通工具”。

二、语言与人的关系

施莱尔马赫认为，为了使“言谈”成为“沟通”，就必须存在一个使用语言的“共同体”。

他认为，人是语言的“场所”；人是已有语言及其性质赖以生存和发展的场所；人的言语只有依赖语言的“整体性”才能成为“可理解的”[③]。Grillmeier 在《从施莱尔马赫到当代的诠释学的发展史》中将其以上的观点视为施莱尔马赫有关“人”的理论。实际上，在诠释学的思想史中，始终贯穿着关于语言的作用及其意义的争论。

施莱尔马赫认为人既是语言使用的主体，又是语言使用的客体。主体使用语言表达思想、发出动作；客体接收语言，吸收其中包含的各种信息，并做出相应的反应。而且，作为主体和客体的人在呈现自己的主体和客体

① 潘德荣：《西方诠释学史》，北京大学出版社 2013 年版，第 265 页。

② 高宣扬：《德国哲学通史》第一卷，同济大学出版社 2007 年版，第 279 页。

③ 高宣扬：《德国哲学通史》第一卷，同济大学出版社 2007 年版，第 281 页。

身份时,并不一定存在先后或距离上的间隔。也就是说,这两种身份可以是共生共存的。人同时既是主体又是客体的这种状态恰好体现了人作为语言的场所的特征。人在使用语言的过程中,既包括对客观语言规则的接受,也包括对语言本身的创造性理解。伽达默尔也秉承了施莱尔马赫关于语言、沟通和"诠释"之间关系的观点,强调言语作为思想的发生和发展的场所的重要意义,将人定义为具有语言的存在。舒尔兹在《无止境的运动中》指出,施莱尔马赫的思想中预示了现代诠释学关注的核心,而这些核心论题都是围绕着语言、人和思想的关系而展开的。

当然,施莱尔马赫的思想之所以在早期未能受到学者们的重视,也与其思想呈现的方式有关。后世看到的他的很多相关资料都是课堂讲稿,且语言晦涩、体系庞杂,这些都为学者们接受和理解他的思想带来了一定的难度。遗憾的是,国内有关施莱尔马赫语言诠释学思想的研究并不多,有关其语言观的研究更是少见。甚至连施莱尔马赫的著作,目前也只有《论宗教》和《基督教伦理学导论》被译成了汉语。这些都在一定程度上影响了国内学者对施莱尔马赫思想的认识及研究。

第四节　洪堡特

威廉·洪堡特(Wilhelm von Humboldt, 1767—1835),德国哲学家、语言学家、教育家和外交官,柏林大学的创始人。语言研究者对洪堡特的了解多是从他对爪哇岛上的卡维语等多种原始语言的考察开始的。洪堡特重视在语言的历史形成过程中思想文化的复杂因素以及人的实际创造活动同语言符号结构之间的密切关系①。

一、语言与思维共生

语言与思维的关系一直是哲学界以及语言学界关注的重点,近年来随

① 高宣扬:《德国哲学通史》第一卷,同济大学出版社2007年版,第293页。

着脑科学和认知科学的发展，此类探讨渐渐转向自然科学领域。洪堡特一直十分关注语言与思维的关系问题，他在自己的著述中多次表达其相关方面的观点。

> 人类语言的起源，就是一个勘不破的永恒之谜。语言无疑为人类独有，但语言不需要经长期累积才逐渐成形，它是以完整的形式突然出现的。
>
> 语言就像是一块笼罩着山顶的云彩，若从远处观望，它有明晰确定的形象，但你尚不了解它的细节，而一旦登上峰顶，身置云中，它就化作了一团弥散的雾气，你虽已掌握了它的细节，却失去了它的完整形象。
>
> 说话的能力是人所固有的普遍能力……这种能力施展得成功与否，便导致了语言的差异。
>
> 语言与人类的精神发展深深地交织在一起，它伴随着人类精神走过每一个发展阶段，每一次局部的前进或倒退，我们从语言中可以识辨出每一种文化状态。
>
> 语言具有一种能让我们觉察到，但本质上却又难以索解的独立性，就此看来，语言不是活动的产物，而是精神不由自主的流射，不是各民族的产品，而是各民族由于其内在命运而获得的一份馈赠。
>
> 一个民族可以将一种不大完善的语言用作工具，构成它起初并非想到要形成的思想，然而，一个民族不可能超越已经深深扎根于语言之中的内在规约[①]。

洪堡特提出，作为民族精神的体现，语言的影响主要作用于人类的思维，体现为它在思维过程中所表现出的创造力。这进一步说明了语言作用的内在性与构建性。与此相伴，内化于民族的精神力量既可能促进语言能

① 洪堡特：《论人类语言结构的差异及其对人类精神发展的影响》，商务印书馆 1999 年版，序第 48 页、序第 39～40 页，第 24 页，第 21 页，第 21 页，第 36 页。

力的发挥,也可能妨碍它的发挥。在洪堡特看来,语言激励着精神力量,二者并非先后发生、相互隔绝,相反,二者是相互依存、共生的,离开一个,也就无所谓另一个的存在。

二、语言是民族的世界观

在世界 - 语言 - 人组成的系统中,语言发挥着中介的作用。人凭借语言同世界建立联系。这种语言本体论的观点随着对语言工具论的扬弃而渐渐凸显。“人始终被束缚在语言的圈界内,无法在语言以外争得一个立足点。”[①]也就是说,语言的界限就是人的界限。与此相似,维特根斯坦曾在《逻辑哲学论》中写道:“我的语言的界限意味着我的世界的界限。”在洪堡特看来,作为人类世界的界限的语言限制了人类的精神以及其他活动,因此,语言是人类的一种世界观。

> 每一语言都包含着一种独特的世界观。正如个别的音处在事物和人之间,整个语言也处在人与那一从内部和外部向人施加影响的自然之间。人用语音的世界把自己包围起来,以便接受和处理事物的世界。我们的这些表达绝没有超出简单真理的范围。人同事物生活在一起,他主要按照语言传递事物的方式生活,而因为人的感知和行为受制于他自己的表象,我们甚至可以说,他完全是按照语言的引导在生活。人从自身中造出语言,而通过同一种行为,他也把自己束缚在语言之中。每一种语言都在它所隶属的民族周围设下一道藩篱,一个人只有跨过另一种语言的藩篱进入其内,才有可能摆脱母语藩篱的约束。所以,我们或许可以说,学会一种外语就意味着在业已形成的世界观的领域里赢得一个新的立足点。在某种程度上说,这确是事实,因为每一种语言都包含着属于某个人类群体的概念和想象方式的完整体系。掌握外语的成就之所以没有被清楚地意识到,完

① 洪堡特:《洪堡特语言哲学文集》,湖南教育出版社 2001 年版,第 6 页。

全是因为人们或多或少总是将自己原有的世界观，甚至语言观，带进了一种陌生的语言。[①]

在洪堡特之前，也有人阐述过类似的观点，如赫尔德曾说，母语是一个人"最早见到的世界，最早知觉到的对象"。语言学家阿德隆也曾指出，语言是文化的中介和载体，必须理解语言的密码，并善于通过对语言的解码来把握文化的真正价值。

> 词不是事物本身的模印，而是事物在心灵中造成的图像的反映。任何客观的知觉都不可避免地混杂有主观成分，所以，撇开语言不谈，我们也可以把每个有个性的人看作世界观的一个独特的出发点。但个人更多的是通过语言而形成世界观……词会借助自身附带的意义而重新成为心灵的客观对象，从而带来一种新的特性。在同一语言中，这种特性和语音特性一样，必然受到广泛的类推原则的制约；而由于在同一个民族中，影响着语言的是同一类型的主观性，可见，每一语言都包含着一种独特的世界观。[②]

洪堡特的这些观点与其后的维特根斯坦、伽达默尔等都有很多的相似之处。伽达默尔曾经指出，语言并非只是一种生活在世界上的人类所适于使用的装备，相反，以语言作为基础，并在语言中得以表现的是，人拥有世界。世界就是对于人而存在的世界，而不是对于其他生物而存在的世界，尽管它们也存在于世界之中。但世界对于人的这个此在却是通过语言而表述的。这就是洪堡特从另外的角度表述的命题的根本核心，即语言就是世界观。

洪堡特认为，语言结构的规律与自然界的规律相似。语言利用其结构激发人类的力量投入活动，从而协助人深入认识自然界的形式特征，使人

---

① 洪堡特：《论人类语言结构的差异及其对人类精神发展的影响》，商务印书馆 1999 年版，第 72 页。

② 洪堡特：《论人类语言结构的差异及其对人类精神发展的影响》，商务印书馆 1999 年版，第 73 页。

与自然界融为一体。正如海德格尔所言，人在“通向语言的途中”，只能在这个旅途中去不断地认识语言。语言本身不仅是人类认识的对象，同时也是认识方式。最重要的是，它作为人与世界的中介，制约着人类的认识能力。

三、德国哲学语言转向的先驱

语言是人类交往的特殊中介，它自身就是主客观的统一体，是特殊的世界观，在这里，物质与思维、感性与理性等等因素构成相互作用的整体，因而，对语言的研究不仅是把握人类精神内在的普遍性和特殊性辩证关系的最好线索，也是克服从笛卡尔到康德的主客二元论的重要途径①。哲学是语言学的摇篮，语言学的成长离不开哲学的孕育。语言哲学对语言学也肩负着这样的责任，它应当为语言学的发展指明方向。这也是语言哲学的研究者在不断追求和努力奋斗的目标。洪堡特的思想是理性主义与浪漫主义激烈碰撞的产物，它推动了德国哲学的语言转向。

在洪堡特的研究视域内，“语言绝不是产品，而是一种创造活动……一种精神劳动”②。这种劳动并不是迫于需要和出于一定的目的而萌生，而是自由自在地、自动地从胸中涌出的。它是以一种恒常不变的、相同的方式进行的。因此，语言是“精神不由自主的发挥”。由于语言的源泉是同一种精神力量，目的是互相理解，因此它仅在一定范围内发生变异。

> 一个人以某种特定的方式与另一个人讲话，而另一个人在同样的条件下也必定以这种特定的方式与他讲话。此外，被继承下来的材料不仅仅是同一的，而且，由于这些材料也同出一源，它们无疑传递了操同一种语言的人们的精神倾向。在把分节音转化为思想表达的精神劳动中，存在着某种恒定不变的，同

---

① 俞吾金等：《德国古典哲学》，人民出版社2009年版，第337页。

② 洪堡特：《论人类语言结构的差异及其对人类精神发展的影响》，商务印书馆1999年版，第56～57页。

形的元素，而正是这种元素，就其全部的关系和整个系统而言，构成了语言的形式①。

语言作为民族的精神，最大限度地展现着民族的文化，也展现出个性与共性之间的关系。在自我保护的同时，语言也对跨文化之间的交往造成障碍，使得外语学习者需要突破两道关卡才能习得一门新语言。在某种程度上，“因为每一种语言都包含着属于某个人类群体的概念和想象方式的完整体系。掌握外语的成就之所以没有被清楚地意识到，完全是因为人们或多或少总是把自己原有的世界观，甚至原有的语言观，带进了一种陌生的语言”。②

洪堡特坚持一种历史辩证的观点，强调语言发展分析的三个不同阶段：第一，以完整的形式建立有机的构造系统；第二，吸取外国语言的成果，逐步改造并形成新的平衡体系；第三，具备独立的特殊价值后，一种语言将作为一种相对稳定的体系而存在下去。洪堡特重视在语言的历史形成过程中各种文化因素与复杂的人类创造活动对语言结构的影响。他的这种历史辩证观点对狄尔泰和德罗伊森等学者产生很深的影响。

第五节　卡西尔

恩斯特·卡西尔(Ernst Cassirer)，文化哲学的创始人，马堡学派的主要代表人物。他的主要哲学诉求是人如何能够学会成为自己的主人。他主张哲学不应该将重心放在研究认识对象上，而是该关注认识的方式。我们应当扩大康德批判方法的应用范围，将他“静态”的理性批判变为“动态”的理性批判，以便融入丰富的人生体验。他发展了康德“人是理性动物”的思想，开创性地将人定义为“符号的动物”。

---

① 洪堡特：《论人类语言结构的差异及其对人类精神发展的影响》，商务印书馆1999年版，第58页。

② 洪堡特：《论人类语言结构的差异及其对人类精神发展的影响》，商务印书馆1999年版，第72～73页。

一、语言的本质

卡西尔认为，对语言起源的追问是人类理性萌芽的表现。他在《人论》的下部中综述了以往相关学者们有关语言起源的思考，从古希腊的赫拉克利特到结构主义的索绪尔。卡西尔认为，在人类的研究史上，很多系统性的问题被发生学的问题所遮蔽了。也就是说，人们受到追逐起源或本质的误导，多将解决方法寄托于不断地追溯过去，直至远古。而可怕的是，这样的思想竟然在哲学中也存在。因此，卡西尔认为，我们必须在系统问题和发生问题之间画一条清晰的界限，以避免误入歧途。他认为，以往学者在对语言起源的研究上犯了同样的错误。

> 语音的变化、同源语的变化、语义的变化——乃是语言的基本要素。但尽管如此，对所有这些现象的研究并不足以使我们理解语言的一般功能。我们对每一种符号形式的分析都依赖于历史资料。关于神话、宗教、艺术、语言"是什么"的问题，不可能以纯抽象的方式用一个逻辑定义来回答。另一方面，在研究宗教、艺术、语言时，我们又总是碰到属于不同知识类型的一般结构问题。这些问题必须分别加以讨论，仅仅依靠历史的研究是无法处理也不可能解决这些问题的。①

卡西尔的观点是，即使语言具有真正的统一性，这种统一性也不是实质上的，而只能是一种功能性的。这种统一性不以质料或形式的同一性为前提，言语是一个不可分割的整体，不能被划分为形式与质料两个孤立的部分。语言学感兴趣的不是声音的自然属性，而是声音的语义学功能。语言与逻辑被视为具有统一对象的两个知识的分支。人类言语不仅要完成一个普遍的逻辑任务，还要完成一个依赖于语言群体的具体社会条件的社会任务。

---

① 卡西尔:《人论》，甘阳译，北京燕山出版社 2003 年版，第 161 页。

二、符号、语言与人

卡西尔在论述“人与符号”部分的开篇，讲了生物学家乌克威尔批判生物学原理的例子。正如普罗塔哥拉所说的，人是万物的尺度，是存在的事物存在的尺度，也是不存在的事物不存在的尺度。乌克威尔曾经说过，在苍蝇的世界里，就只有苍蝇的事情；在海胆的世界中，就只有海胆的事情。卡西尔认为，人不是生活在一个单纯的物理世界中，而是生活在一个符号的世界里①。

> 对于理解人类文化生活形式的丰富性和多样性来说，理性是个很不充分的名称。但是，所有这些文化形式都是符号形式。因此，我们应当把人定义为符号的动物（animal symblicum）来取代把人定义为理性的动物。只有这样，我们才能指明人的独特之处，也才能理解对人开放的新路——通向文化之路。②

卡西尔反对康德将人定义为理性的动物的观点，他认为，与其说人是理性的动物，不如说是符号的动物。他尝试利用乌克威尔的生物学方案来描绘人类世界，这会使我们发现人类生命的特有特征——符号。

> 除了在一切动物种属中都可看到的感受器系统和效应器系统以外，在人那里还可发现可称之为符号系统的第三环节。
>
> 人不再生活在一个单纯的物理宇宙之中，而是生活在一个符号宇宙之中……人不再能直接地面对实在，他不可能仿佛是面对面地直观实在了。人的符号活动能力进展多少，物理实在似乎也就相应地退却多少。在某种意义上说，人是在不断地与自身打交道而不是在应付事物本身。他是如此地使自己被包围在语言的形式、艺术的想象、神话的符号以及宗教的仪式之中，

---

① Cassirer E, *An Essay on Man: An Introduction to a Philosophy of Human Culture*, New York: Doubleday, 1944, p. 43.

② 卡西尔：《人论》，甘阳译，北京燕山出版社 2003 年版，第 46 页。

以致除非凭借这些人为媒介物的中介,他就不可能看见或认识任何东西。

语言常常被看成是等同于理性的,甚或就等同于理性的源泉。但是很容易看出,这个定义并没有能包括全部领域,它乃是以偏概全(parsprototo),是以一个部分代替了全体。因为与概念语言并列的同时还有情感语言,与逻辑的或科学的语言并列的还有诗意想象的语言。①

人是能创造符号,并进一步利用符号去创造文化的动物。人和动物的根本区别在于,动物只能对“信号”做出条件反射,而只有人能够把这些“信号”转变成有意义的“符号”。人通过劳动编织着经验的符号网。语言、神话、艺术与宗教都是这个网不可或缺的部分。因此,人不再与外在存在物直接相连,而是通过符号建立彼此间的关系。人的符号活动越多,外在物理世界的范畴也就相应地缩小,精神活动就在人的世界占据越来越多的位置。甚至,在很多情况下,人是在与自身对话,是符号与符号之间的互动,而不是直接与外在物理世界相关。

康德关注理性,将人定义为理性的动物。与他同时期的洪堡特等人将语言与理性等同,或是认为语言是理性的源泉。卡西尔反对这一观点,认为这个定义以偏概全,并不能涵盖整体。

言语并不是一个单纯而统一的现象,它是由各种不同的成分所组成的,而这些成分无论在生物学上还是在分类学上都不是处在同一水平面上的。我们必须努力去发现这些成分的秩序和相互关系,就仿佛必须去区分言语的不同层次。最初和最基本的层次显然是情感语言。

命题语言与情感语言之间的区别,就是人类世界与动物世界的真正分界线。②

---

① 卡西尔:《人论》,甘阳译,北京燕山出版社 2003 年版,第 43、44 ~ 45、45 页。
② 卡西尔:《人论》,甘阳译,北京燕山出版社 2003 年版,第 50、52 页。

卡西尔将人与符号联系起来,将符号视为人类文化存在的根本形式。人类的各种文化形式在本质上都是符号的存在。人既能够发明符号,又能够运用符号创造文化。人只有在创造文化的活动中,才能成为真正意义上的人,并获得真正的自由。人通过使用符号进入一个"符号的世界"之中。各种"符号形式"都是人的符号思维产生的文化活动,也是人的创造性活动的符号形式。由此可见,符号既是人存在的方式,又是把人与文化联结起来的中介物。它作为语言的载体,在人与世界之间扮演着多重的角色。

第六节　毛特纳

康德对综合命题和分析命题的区分,对20世纪语言哲学产生了重大影响。对维特根斯坦颇有影响的毛特纳甚至把《纯粹理性批判》视作"语言批判"①。

一、语言——认识的非适当工具

哲学界普遍认为,批判哲学起源于康德。"批判"(critique)一词源自古希腊语词 krino,其原义是"区分""选择性地批判""分隔"并"加以筛选"②。"语言批判"作为《逻辑哲学论》中的主要思想,并非维特根斯坦的独创。这一提法可以上溯至20世纪初,德国哲学家毛特纳在他的3卷本巨著《语言批判论稿》(1901—1902)中已经大力阐发过语言批判的思想。在毛特纳看来,语言批判是一门新兴的学科,主旨是分析和研究人类的语言,找到它们之间的相似之处,并且摧毁人们关于它们的诸多偏见或神话。他认为语言批判是对认识论的一大贡献,认识的批判就是语言的批判,并且只能是语言的批判。人们无法通过语言来获得关于世界的知识,通过语言去认识世界是不可能的,因为语言并不是获得这种知识的有效工具。"因为世界总

① 陈嘉映:《语言哲学》,北京大学出版社2003年版,第14页。
② 高宣扬:《德国哲学通史》第一卷,同济大学出版社2007年版,第199页。

是在不断地变化,而语言最多只能是一瘸一拐地紧随其后。因而,语言不可能提供正确的世界图像。"①

在《语言批判论稿》第一卷的开篇,毛特纳表示语言既是批判的工具,也是研究的对象。他认为人类的语言并不能反映客观现实,所以语言不能作为人类认识客观世界的工具。他也不承认词语是客观事物和现象的本质概括,认为词是没有意义的,所以语言也不是人类交流思想的最完美的工具。因此,他主张彻底取消语言,使人们永远地保持"沉默"。

但是,当他论证语言不是获得知识的适当工具后,问题的界限变得清晰。是不是语言的不充分性说明它不能作为一个特殊在者?尽管毛特纳在完成《语言批判论稿》后仍然继续写作,但他的怀疑主义似乎趋向于沉默。事实上,毛特纳过度强调语言的个体与心理方面,因而忽略了语言的社会维度。当把语言作为交际的一种方式来讨论的时候,毛特纳并没有把语言看作群体的语言,因为他认为群体的语言并不是他批判的对象。但是他仍然服从于语言的社会规约性,这就使情况变得复杂,因为规约性的存在本质上决定着个体语言。由此可见,对个体语言的批判只能是舍本逐末,不能作为"取消"语言的依据。这种进退两难的困境表明,个人取向的批判是不成功的。例如,他认为尽管哲学家们分别作为群体和个体而存在,但是却不存在一个单独的实体叫作"哲学"。

他用了一个隐喻:语言既是一种社会游戏(gesellschaftsspiel),也是交换知识的游戏。他试图通过"哲学就是语言批判"的论断来改变规则。在他看来,哲学是一种规则,这种规则对其他规则的运行假设进行研究,但是因为研究不能用任何一种元语言写出来,所以哲学也就不再拥有它以往的基础地位。作为语言的批判,哲学不可避免地失去了自身的权威性。总而言之,当毛特纳在《语言批判论稿》的首页谴责语言对人类实施暴政的时候,他仍然不能脱离语言。对此,他在书中以多种方式承认了这一点。

为了使作品具有权威性,毛特纳有时声称自己属于康德派,有时又对

① 韩林合:《〈逻辑哲学论〉研究》,商务印书馆2007年版,第804页。

哲学能否提供知识并达到真理的能力表示怀疑。无论如何,毛特纳都是悲观地把怀疑主义当作语言批判无法逃避的结果。尽管他同意此前德国分析学者们的观点,认为所有的哲学必将成为语言批判,必将作为一种知识的新理论成为科学之科学,但是他却坚定地相信人类不可能获得对实体的客观认识。他认为通过语言来认识世界是不可能的,根本不存在关于世界的科学,语言更不是认识的有效工具。毛特纳认为只有灭亡才能带来语言与思想之间的和平,这是不可逃避的结局。一切找寻、自我批判和语言分析都是徒劳的,只有在灭亡中才能得到永恒的解放。①

二、语言没有本质

简单地说,毛特纳认为语言批判是当今哲学最重要的任务,是把人从语言中,从对言语的迷信中和语言的暴政中解放出来的根本需要。然而,毛特纳也十分清楚这样的努力必须依靠某种具体语言来完成。他承认在这一点上我们同语言紧密相连。

毛特纳认为语言②是不存在的,存在的只是一个抽象的概念,也就是人类的语言没有共同的本质。在现实中,只存在个别的语言和各种语言之间的某些相似之处,例如汉语、英语或德语等,却不存在语言。甚至所谓个别的语言也只是人们抽象的结果,仅仅代表诸多的相似性。因为每一个人的语言都不会与另一个人的完全相同,正如世界上没有两片相同的树叶一样,他甚至认为每个人在人生的不同阶段所讲的语言也是不同的。语言是在不断变化的,词汇和形式都不是永恒不变的。赫拉克利特关于"人不能两次踏入同一条河流"的论断同样适用于语言。他甚至认为当我们说出一句话的最后一个词时,前面词语的意义就已经改变。这些词之间的关系就只是某种相似性——人类的行为或是活动,正如呼吸一样。这样,语言就

---

① Cloeren H J, *Language and thought*:*German Approaches to Analytic Philosophy in the 18th and 19th Centuries*. Berlin:Walter de Gruyter, 1988, p. 217.

② 此处的语言指抽象的语言。

不可能是一种孤立的事件,必然是在一种共同体之中进行的。因此,语言就是这种共同体之中的一种社会活动,就是在这个共同体之中的使用,语言不是应用的对象或工具,而是语言的使用,否则它便失去了生命,走向死亡。

第八章　人与语言：现代欧洲哲学中的语言哲学思想

“现代欧洲哲学”指19世纪中叶以来的欧洲现当代哲学，上溯黑格尔以后的叔本华、尼采的意志哲学，下至当下发生的后现代哲学。[①]“对于语言问题的重视，是20世纪西方哲学的显著特点。不同流派的哲学家在反省西方形而上学传统的过程中殊途同归，都认识到了形而上学与语法之间的密切关系，从而以不同的有时甚至是截然对立的方式，致力于把语言从语法中解放出来，藉此把哲学从形而上学传统中解放出来。”[②]

第一节　尼采

尼采（Friedrich Nietzsche，1844—1900），作为一个非理性主义者，他的语言观很少受到学界的关注。1864年，中学毕业的尼采进入波恩大学学习语言和神学。当时著名的语言学家黎彻尔（Ritschl Friedrich Wilhelm）是尼采的语言学导师。由于尼采在语言学方面获得杰出成绩，因此25岁时被任命为巴塞尔大学古典语言学教授。[③] 有学者认为，“德国解释学、法国结构主义和后期维特根斯坦哲学与尼采的思想亲缘关系尤为明显，大大拓展了尼采开辟的方向。如果说西方哲学在20世纪发生了‘人学的转向’和‘语言的转向’，那么，在这两个相关的转向中，尼采在某种意义上都起了奠基者的作用”[④]。

一、语言的起源

但凡哲学家的著述中论及语言，第一个提到的可能都是语言的起源问题。语言就其起源来说属于心理最退化的形式的时期，当我们意识到语言形而上学的基本假设——通俗地说便是理性——之时，我们便进入一种野

① 叶秀山、王树人总主编：《西方哲学史（学术版）》第七卷，江苏人民出版社2005年版，第1页。

② 周国平：《尼采与形而上学》，新世界出版社2008年版，第70页。

③ 高宣扬：《德国哲学通史》第一卷，同济大学出版社2007年版，第374页。

④ 周国平：《尼采与形而上学》，新世界出版社2008年版，第70页。

蛮的拜物生灵之中了。[①]

概念和词是我们从人类头脑蒙昧、不求甚解的时代继承来的遗产，是我们最遥远的、最愚昧也最聪明的祖先的遗产。语言是建立在最天真的偏见基础之上的。[②]

鉴于语言起源问题的复杂性，尼采自然也未能从根本上回答这一问题。他的论述意在强调语言发生时人类心智的作用，而否定语言的认识功能。他将语言与存在本质之间的关系视为隐喻（metaphor）。词是一个神经刺激在声音中的摹本，一个神经刺激首先转译为一个图像！第一个隐喻。[③]

这里的隐喻是哲学意义上的，而不是一种修辞的手段。它体现了现实与符号世界之间所固有的根本认识论差距。词作为语言单位就是对事物的隐喻。周国平认为，尼采对隐喻的概念就犹如索绪尔所说的符号，它们的根本特性都是任意性。

当我们谈论树、颜色、雪和花的时候，我们相信自己知道了事物本身的一点东西，但除了事物的隐喻——它们与真正的实质全然不相符合——之外，我们一无所有。就像声音显现为沙形一样，自在之物的隐秘的 X 先是显现为神经刺激，然后显现为图像，最后显现为声音。[④]

"事物的名称原是一种任意性，像一件衣服加于事物，与其实质乃至表皮全然无关。"[⑤]

在这段话中，既有与前期维特根斯坦的图像论（picture theory）的相似处，也在一定程度上反对索绪尔将所指视为概念的看法。在尼采看来，语言与世界之间通过隐喻的方式建立关系，能指与所指之间的任意性对应是任意的也是以隐喻的方式呈现的。这似乎与体验哲学不谋而合。体验哲学认为人是通过隐喻的方式去认识世界，也是通过隐喻的方式去认识和建

① 尼采：《偶像的黄昏》，周国平译，湖南人民出版社 1987 年版，第 26 页。

② 尼采：《权力意志——重估一切价值的尝试》，张念东、凌素心译，中央编译出版社 2000 年版，第 279、358 页。

③ Gebhard W, *Nietzsches Totalismus*, Berlin: Walter de Gruyter, 1983, p. 120.

④ Gebhard W, *Nietzsches Totalismus*, Berlin: Walter de Gruyter, 1983, p. 120.

⑤ 尼采：《快乐的科学》，华东师范大学出版社 2007 年版，第 74 页。

构语言。

二、语言与思维

尼采认为,语言与意识是同步的,重要的问题在于语词在形成之初就带有任意性,一旦形成并进入我们的思想就具有对思想的支配权。

他认为,语词中只有描写各种极端程度的内心生活的词。因此,我们就惯于在没有语词的状态中不再紧密地观察了,因为在这种状态中较严密地思考是很痛苦的;我们甚至以为语词终止之处,我们存在的领域也随之终止。愤怒、仇恨、爱、同情、贪婪、认识、快乐、痛苦,这些都是极端状态;较和缓却常常呈现在前的内心状态,是没有语词表示的,而恰恰是这些状态织出了我们的性格和命运之网。

我们真正的经验全然不是饶舌的。它们即使想要,也不能够传达自己。因为它们缺乏语词……语言似乎只是为通俗的、中庸的、可传达的东西而发明的。言谈者业已用语言使自己平庸化。①

即使是自己的思想,也不能用语词完全表达出来。

尼采深入挖掘形而上学的根源,提出语法结构是种族心理结构的固化,是形而上学最重要的一个心理根源,从而把语言问题作为一个重大哲学问题提了出来。他这样写道:"从心理学上看,我们这整个概念都来自一种主观信念:我们是原因,也就是说,胳臂自己运动……但这是一个错误。我们把自己—行为者—行为区分开来,并且到处使用这个模式——我们对每个事件都寻找一个行为者。我们究竟做了什么?我们把一种力感、紧张、抵抗、一种已经是行为之开端的肌肉感觉,误解成了原因,或把做这做那的意志,因为随之而来的是行动,理解成了原因。"②

尼采认为,人类对世界的认识就是对世界的解释。我们逐渐把我们对意志的误解解释到了外部世界中,常常把意志误当作行为的原因置于现象

① 尼采:《偶像的黄昏》,周国平译,湖南人民出版社1987年版,第137页。

② 尼采:《偶像的黄昏》,周国平译,湖南人民出版社1987年版,第42页。

中。他曾经说过,“哲学家受制于语言之网”[①]。然而,“哲学就是以我们的语言为手段为反对对我们的理智的蛊惑所进行的斗争”[②]。哲学家的任务就在于揭开语言带来的哲学谜团,拨开语言引起的形而上学迷雾,使人们进一步认识自己的语言。不再将语言视为简单的工具,就犹如水不仅仅能用来清洗东西一样。如前期维特根斯坦所言,“我的语言的界限意味着我的世界的界限”[③],因此,我们生活在语言这个“存在的家园”中。

第二节 拉康

雅克·拉康(Jacques Lacan,1901—1981)作为结构主义的一员,继承了弗洛伊德和索绪尔的思想,同时也是对他们的颠覆。但是由于拉康的文风受到其年轻时经历的“达达主义”的影响,经常“语义含混、概念叠加、论题跳跃、逻辑缠绕、表述艰涩、科学化与玄学化并存”[④],使得读者经常产生理解上的分歧,因此给他的思想翻译与传播带来阻碍。拉康的思想在西方影响广泛,精神分析学、哲学、心理学、人类学、符号学和语言学等领域的学者均参与到对其思想的讨论中。值得我们注意的是,拉康的思想被认为对符号学和语言哲学的发展都具有很大的促进作用。目前,拉康著作的中译本还很少[⑤],国内对其思想的探究也有待深入,尤其是对其符号观和语言观缺乏系统的思考与探究。需要指出的是,霍红(2014)聚焦拉康的语言观,尝试展现其语言观的全貌,揭示了拉康语言观的基本精神和主要贡献。霍红的博士论文是目前国内较为系统、全面讨论拉康语言观的成果。

---

① Gebhard W, *Nietzsches Totalismus*, Berlin: Walter de Gruyter, 1983, p. 123.

② 维特根斯坦:《维特根斯坦全集》第6卷,涂纪亮译,河北教育出版社2003年版,第67页。

③ 维特根斯坦:《逻辑哲学论》,贺绍甲译,商务印书馆2005年版,第85页。

④ 吴琼:《雅克·拉康——阅读你的症状》,中国人民大学出版社2011年版,第24页。

⑤ 目前,国内出版了两个版本的《拉康选集》,一是2001年上海三联书店出版,由褚孝泉翻译,但与原版相比,删去了很多章节,且脱销已久;二是2019年华东师范大学出版社出版,对2001年版本的译文进行了修订。

一、能指与所指

作为精神分析领域的领袖，拉康认为："不管精神分析法自以为是治疗的手段、教养的手段，抑或是探测的手段，它只有一个媒介：病人的言语。"①因此，他将语言模型引入精神分析领域，开始关注语言研究的重要性。

众所周知，索绪尔作为现代语言学之父，对语言做出了几个重要的区分：语言与言语、能指与所指、共时与历时、组合与聚合。其中，能指与所指的思想被拉康接受并发扬。索绪尔指出，语言符号是一个心理的两面体，一面是能指，即音响形象；一面是所指，即概念。他指出，能指与所指之间的关系是任意的，而任意性是语言符号的第一原则。这些观点被现代语言学研究广泛接受，并被视为理论语言学的研究基础。

拉康批判索绪尔关于能指与所指的观点，对能指和所指之间的对称和平衡提出疑问，认为能指高于所指，所指低于能指。拉康认为："能指与所指不是一一对应的关系，能指决定所指，能指链在所指链上不断滑动，从而导致意义的持续置换。"②这样使得意义不断改变，因此，能指的运作决定所指。

> 一个精神分析学家应该很容易掌握能指和所指这个根本性的区分，并开始运用这两个网络，这两个网络组织起互不重叠的关系。
>
> 第一个网络，能指的网络，是语言材料的同时结构，因为在那儿每个成分由于与其他成分相异而获应用，这就是唯一的规定了语言的不同层次上的成分的功能的分布的原则，从音素对立的对子一直到组合的短语。当代研究的任务就是要提炼出其中恒定的形式。
>
> 第二个网络，所指的网络，是实际说出的言谈的历时总和，

① 拉康：《拉康选集》，褚孝泉译，上海三联书店 2001 年版，第 256 页。

② 霍红：《拉康的语言观研究》，吉林大学博士学位论文 2014 年，第 6 页。

> 这个总和对第一个网络作出历史的反应。同样,第一个网络的结构掌握了第二个网络的通道。在后者中占主导地位的是意义的单位,但这个单位显然并不在对现实的单纯指称中得到解决,它总是指向另一个意义。这就是说,意义只是在对事物的总体掌握中才能得到实现。①

"索绪尔认为,在某一给定的语言系统中,能指与所指之间存在着某种对应关系,能指总是要指涉所指。拉康却认为,能指与所指之间并不是一种表征的关系,能指的背后并不存在着一个先于它并等着它去指涉的所指。"②所指不是给定的,而是由能指产生的,"只有能指和所指的关联才提供了对意义如何研究的标准"③。

拉康通过举例的方式,形象地说明了这一思想。

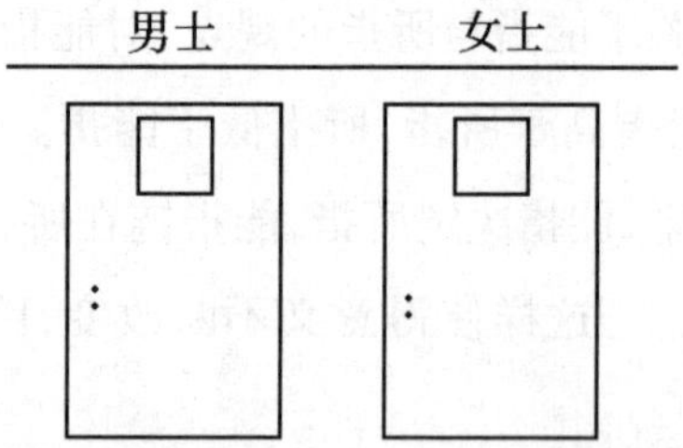

图 8－1④

图 8－1 说明,如果没有"男士""女士"两个能指,下面的两扇门毫无差别。只有加上"男士""女士"两个能指,图片才产生具体的所指。

> 只要通过将两个意义互补而相联的词并列,仅仅将名词范围增大一倍,我们就会惊讶地看到意料不到的意义的出现。⑤

也就是说,在上图中,所指是通过能指而产生、存在的。而产生这种所指所依赖的是两个能指之间的关系,这种关系的"互补而相联"使得新的所

① 拉康:《拉康选集》,褚孝泉译,上海三联书店 2001 年版,第 398 页。
② 霍红:《拉康的语言观研究》,吉林大学博士学位论文 2014 年,第 26 页。
③ 拉康:《拉康选集》,褚孝泉译,上海三联书店 2001 年版,第 432 页。
④ 拉康:《拉康选集》,褚孝泉译,上海三联书店 2001 年版,第 430 页。
⑤ 拉康:《拉康选集》,褚孝泉译,上海三联书店 2001 年版,第 430 页。

指产生。

> 能指在决定效果中起主动作用，而所指在这些效果中显得是承受了其印记，由这个激情而变成所指。
>
> 单单是能指就足够保证了整体的作为一个整体的理论上的一贯性，最近的科学进展肯定了这个足够性。①

拉康通过这种方式颠覆了索绪尔能指和所指并列以及一一对应的观点。事实上，拉康认为，索绪尔虽然声称能指与所指并列，不分先后、主次，但他在用公式 $\frac{S}{s}$ 表示能指与所指的关系时，却将表示能指的 S 置于表示所指的 s 之上。

能指链不断滑动的观念对符号学的发展产生了巨大影响，也促进了结构主义向解构主义的突破。“最重要的是，索绪尔并没有说明符号究竟怎样联结到一起而产生了意义，是拉康结合了雅各布森和弗洛伊德的理论，论证了能指链上的众能指们是依据换喻和隐喻的原则使意义得以产生的，这两种修辞方式一跃成了语言符号内部的运作机制。”②

二、无意识是他者的话语

拉康认为语言在言说主体；语言并不仅仅是说话的人，而是在人中并通过人说出自己的那种东西。主体是由语言构成的，而且通过语言占有世界。拉康认为，用弗洛伊德的话说，人只不过是一个被语言抓住而且被歪曲的主体。③

拉康倡导“回到弗洛伊德”，以提醒人们关注后者“无意识”概念的原创性。主体所体验的无意识就是拉康所谓的“他者的话语”。他曾举例，人们常说：有人叫我这么说的，话可不是我说的。但是，拉康的“他者”具有多义

---

① 拉康：《拉康选集》，褚孝泉译，上海三联书店 2001 年版，第 398、591 页。

② 霍红：《拉康的语言观研究》，吉林大学博士学位论文 2014 年，第 13 页。

③ 叶秀山、王树人总主编：《西方哲学史（学术版）》第七卷，江苏人民出版社 2005 年版，第 990 页。

性，“无意识是他者的话语”这个命题具有以下含义：人类主体是可分的；无意识有一个语言结构；主体是他者来居住的；精神分析是言语的异体。[①]

一般认为，无意识的主要特征是描述本我，但是自我和超我也有无意识的成分。弗洛伊德指出无意识是一种结构，这个结构影响人类主体的言行。拉康认为，无意识是一种语言，它避开主体的操作和影响；无意识是一个自我，拥有合乎逻辑的结构，而不是一系列无组织的冲动。[②]

拉康认为，语言的主要功能之一就是指出主体的位置。主体在使用语言的同时，表达出来的东西是多于他所意识到的，主体无法表明他已经掌握他所说出的能指的意义。他引用了弗洛伊德关于“否定”的例子来说明这一问题，如你可以认为我的话冒犯了你，但我实际上不是这个意思。这句话的意思是：我想冒犯你。这种否定的现象允许无意识的材料进入言语。也就是说，“我想冒犯你”这层含义没有经受自我审查而进入话语，是主体没有意识到的。

语言得以表达的形式以其本身决定了主观性。它说：“你来这儿，当你看到这个时，你从这儿走。”这就是说，它在他人的话语中参证自己。在言语的最高功能中语言也是如此包裹着的，因为言语使发言者赋予听话者以一种新的现实。例如以一句“你是我的妻子”，主体肯定了他是婚姻中的丈夫。

拉康本人说他一生都在探索心灵的奥秘，这也很好地体现在他对精神分析法的推广和应用上。同时，语言与心灵之间密不可分的关系，也使得拉康的思想为语言研究中进一步探究主体与语言的关系以及语言本体论思想的建立提供了启示。

---

① 叶秀山、王树人总主编：《西方哲学史（学术版）》第七卷，江苏人民出版社 2005 年版，第 999 页。

② 叶秀山、王树人总主编：《西方哲学史（学术版）》第七卷，江苏人民出版社 2005 年版，第 998 页。

第三节　福柯

米歇尔·福柯(Michel Foucault, 1926—1984)被称为20世纪法兰西的尼采。哈贝马斯曾经评价他"在我这一代对我们的时代进行诊断的哲学家圈子里,福柯是对时代精神影响最持久的"[①]。作为后现代主义(post-modernism)的代表,福柯继承了尼采的思想并彻底颠覆传统,进一步将哲学任务与语言反思结合起来,对语言哲学与话语分析研究都产生了很大的影响。他将话语视为唯一的在者(being),认为不是人在言说语言,而是语言在言说人,是语言统治着人及人的世界。福柯著名的话语理论大致可以分为话语与真理、话语与知识分子、话语与权力以及话语与主体四个部分。

一、话语

"话语问题是贯穿福柯全部思想的主题,而话语功能则是其全部思想的基石。"[②]但是由于福柯的多变,他并未明确地给出话语的概念。他只是以否定的方式界定话语的范围。

> 话语是陈述的系统,陈述是话语的原子、话语的基本单位。[③]
>
> 话语是不能还原为语言或言语的;话语并不只具有意义或真理,而且还具有历史,有一种并不把它归于奇异的生成变化律这样的特殊的历史。[④]

理论上讲,话语作为生活世界中的在者,必然要同时存在于时间与空间两个维度中。传统的研究多以时间为主线,福柯则从空间切入探究话语。他在索绪尔的结构主义二分法的基础上,提出了话语的概念,认为话

① 刘北成:《福柯思想肖像》,上海人民出版社2001年版,前言第7页。

② 庄琴芳:《福柯后现代话语观与中国话语建构》,载《外语学刊》2007年第5期。

③ 福柯:《知识考古学》,谢强、马月译,生活·读书·新知三联书店2003年版,第98页。

④ Foucault M, *L'Archéologie du Savoir*, Gallimand, 1969, p. 168.

语不同于语言与言语,但又不能脱离二者而存在。话语是以符号为基础的,但却远不止指称事物那么简单,它不仅可以指涉外在世界中的事物、事件,还可以构建事物、事件,甚至可以构建世界。

人类既可以使用语言来描写外在的物理世界进而形成命题,也可以通过语言来外显自己的内心世界构成话语的说话人意义。也就是说,话语作为人类主体性思想的外化,必然打上发话人的主观烙印。福柯认为人与世界之间是一种话语关系。

> 因为整个现代认识型是与大写的话语及其单调的统治的消失联系在一起的,是与语言向客观性的方面的逐渐转变相联系的,是与语言多种多样的重新出现联系在一起的。……由于当语言注定散布时,人就被构建起来了。①

福柯逐渐认识到话语不是自由的,它不仅要受制于话语内部的规律,还要被话语的外部因素所制约。这一外部因素就是权力。福柯认为,权力指一切对人们的思想和行为具有支配力和控制力的东西。权力是流动的东西,或作为只在链条上才能运转的东西加以分析。权力从未确定位置,它从不在某些人手中,不像财产或财富那样被据为已有。他认为,人受到话语的支配,既然说出去的语言是已经存在的语言,那么它将会以这种或那种方式决定以后将会说出的东西。

二、话语的秩序

在《知识考古学》(*L' Archéologie du Savoir*)一书中,福柯详细分析了话语的形成与存在方式等问题。在他的理论体系中,话语是构成知识和人类活动的一种方式。它作为一个独立的层面,存在于语言和言语之间。

福柯认为,话语秩序受到三种控制:外部力量、内部力量和话语主体。

> 我们知道得很清楚,我们不是想说什么就说什么,我们不能

① 米歇尔・福柯:《词与物——人文科学考古学》,莫伟民译,上海三联书店 2001 年版,第504 页。

无论何时何地都说我们喜欢的东西，谁也不能想说什么就说什么。[①]

这就是外部力量对话语的限制。话语是社会性的产物，它诞生于社会中，同时也生存在社会中。它受制于语境，同时也反作用于语境。因此，话语不能脱离社会而存在，它自然受到社会网络的制约。同时，在福柯看，来这里的社会网络不仅包括共时的，也包括历时的。话语对象不是先于话语而存在的，而是因为在出现、界限和规格审定之间建立起的关系整体使它的形成得到了保证。[②] 因此，把握话语的意义要注重历史性。

内部力量对话语的制约又分为评论原则、作者原则和学科原则。它的主要目的是，使话语的意义局部化或具体化，应对话语内突发事件的发生，解决话语的偶然性。

学科是控制话语生产的原则。学科通过同一性的活动来限制话语，其形式是规则的永久重新启动。[③]

福柯认为，某领域的话语从形成的那刻起，就拥有权势与秩序的特性。所以希望进入这个领域的后继者们都必须掌握同样的话语。同时，这个领域内的新表达、新真理往往要按已经建立的话语体系接受评判。在此基础上，福柯指出，一个共同体的话语在为现象与话题提供可能的同时，也为人们的言语行为划定了界限。这就是福柯提出的对话语主体的限制规则。

福柯认为，话语团体原则（the societies of discourse）是控制话语主体的规则之一，强调话语之间具有共同性。

如果我们能够在一定数目的陈述之间，描述这样的散布系统，如果我们能够在对象、各类陈述行为、这些概念和主题选择之间确定某种规律性的话，按习惯我们会说我们已经涉及了话语的形成……我们将把这种分配的成分所屈从的条件称为形成

① Foucault M, *The Archeology of Knowledge & The Discourse on Language*, New York: Pantheon Books, 1972, p. 215.

② 福柯：《知识考古学》，谢强、马月译，生活·读书·新知三联书店 2003 年版，第 54 页。

③ 许宝强、袁伟：《语言与翻译的政治》，中央编译出版社 2001 年版，第 14 页。

的规则。形成的规则是在一定话语分布中的存在条件。①

由此可见，掌握的规律就是话语之间的共性，也就是话语共同体所强调的规则性，以及共同体内部的趋同性。但是同时，福柯也反对把这种规律绝对化。

> 我们应该牢记两个事实：话语事件的分析绝对不会被界限于这样一个领域中；另一方面，对这个领域本身的分割也不能被视为最终的，也不是绝对有价值的；它只是近似值。这个近似值应使一些关系的出现成为可能，而这些关系又有可能消除那个最早构想的界限。②

"一方面，每一个共同体都具有相对独立性。另一方面，每一个共同体又具有动态性和开放性。它们的内部构成要素同共同体外部之间始终存在各种联系。这就使得共同体之间的区别变得十分模糊，没有壁垒森严的界限。"③

三、话语团体原则

福柯指出，话语团体原则的作用在于确保话语在有限的圈子内流通。它既控制掌握使用该话语的人数，又通过生产话语来达到保存话语的目的。目前，尽管这种话语团体概念模糊，但它的功能却无处不在。为了说明这一原则的重要性，福柯分别以医疗、写作、出版及各类学术团体为例，尝试说明话语团体原则在一定的话语范围内的运作情况。

在《知识考古学》中，福柯这样写道：

> 医生的身份包含着能力和知识的标准、机制、系统和教育规范，确保——不是没有任何界限标志的——知识实践和试验的

① 福柯：《知识考古学》，谢强、马月译，生活·读书·新知三联书店2003年版，第41页。

② 福柯：《知识考古学》，谢强、马月译，生活·读书·新知三联书店2003年版，第31～32页。

③ 严明：《话语共同体理论建构初探——商务英语系列研究之一》，载《外语学刊》2010年第6期。

> 合法条件。它还包含着一个与其他一些个体或者群体的区分和关联的系统(分享权限、等级的归属,功能的补充,信息的要求、传播和交换),这些个体或群体也有自己得到区分和关联的身份(政治权力和它的代表们、法律权力、各自不同的专门机构、宗教团体,需要的话还有牧师)。①

这里几乎明确地指出话语共同体的成员需要具备相关的背景知识,并且要有相互的交流机制。相关思想被后来的体裁分析学者借鉴,提出话语共同体(discourse community)的概念。这就是 1990 年斯威尔斯(Swales J)列举的话语共同体区别性特征。

> 掌握这一知识的目的虽然只是一种仪式性的吟诵,但这知识却受到其所蕴含的常常是极其复杂的记忆技巧的防卫保护,被保存在一特定的圈子里。学徒期满,你便可进入圈子并分享那为吟诵展现却未泄露的秘密;话语行为中听说双方的角色是不可互换的。②

由此可见,人生活在话语团体中,要受到规则和制度的制约。这也是福柯一直强调人的有限性的原因。晚年的福柯一直尝试恢复人在当代具有的有限性,努力把人从笛卡尔、康德、黑格尔和胡塞尔所推崇的无限拉回到有限。这也是他提出"人之死"的基点。福柯的"人之死"与尼采的"上帝之死"紧密相连,认为"人的有限性,因涉及到人在生命、劳动和语言等方面的经验领域,因而本来是具体的。福柯阐明并要加以恢复和维护的正是人的这种具体的有限性"③。那么,在严格的规则指导下,对话语团体的划定是肯定人的有限性,并有利于人类摆脱权力与知识压迫的重要手段。

① 福柯:《知识考古学》,谢强、马月译,生活·读书·新知三联书店 2003 年版,第 54 页。

② 许宝强、袁伟:《语言与翻译的政治》,中央编译出版社 2001 年版,第 15 页。

③ 米歇尔·福柯:《词与物——人文科学考古学》,莫伟民译,上海三联书店 2001 年版,引言第 11 页。

第四节 哈贝马斯

西方哲学语言转向之后,哲学家开始关注语言与世界的关系,期望通过分析、解释语言,展现以语言为存在方式的人及人的世界。语言哲学以揭示人及人的世界为目的,探究作为特殊在者的语言在人及世界之中的存在方式,使语言摆脱了工具论的牢笼,进而进入本体论研究的维度。话语(discourse)是具体使用中的语言,是语言系统中的实体。人与人之间的交往与互动大多以话语为方式,并在话语中实现。话语既是人与人交往的手段,也是人与人以及生活世界之间关系的建构方式。那么,作为现实存在的话语同具有社会共性的主体间性(intersubjectivity)之间是怎样的关系?人是如何通过话语来建构彼此之间的关系以及与生活世界之间的关系的呢?话语的选择与使用又是以什么为基础的?

一、从前主体性到主体间性

虽然哲学经历了本体论、认识论到语言论的发展过程,但其中不变的是对人的终极关怀。以此为切入点,西方哲学的发展大致经历了前主体性、主体性和主体间性三个阶段。

前主体性阶段以本体论哲学为代表,探讨的内容主要是“世界的本原是什么”。这一阶段的西方哲学主要以“去人化”的客观研究为目的,旨在从人的视域之外来探究所谓“客观”世界的起源与本质,哲学家们不断追问世界的本质是什么。他们认为,世界是一种客观的存在,这种存在不以任何主体的存在为中心,而是由一种恒定的物质构成的。哲学家的任务就是给出这个世界的本质到底是什么。但是,随着研究的不断深入,哲学家们逐渐发现理念观存在不足,认识到世界是人的世界,脱离了“主体”也就无所谓“客体”的存在。正如著名生物学家乌克威尔曾经说过的,“在苍蝇的世界里,只有苍蝇的事情;在海胆的世界里,只有海胆的事情”。这一比喻形象地告诉我们:世界是依据不同的主体来划分的,并依托主体而存在。

因此,哲学研究从此走入以人为核心的主体性阶段。

普罗塔哥拉(Protagoras)提出"人是万物的尺度,是存在的事物存在的尺度,也是不存在的事物不存在的尺度"①的命题,为主体性研究提供了不同的视角。进入主体性阶段后,认识论以人为主体,探究人类对世界的认识范围与程度,以主观视角统一主客二分的世界。主体性哲学指从笛卡尔的"我思故我在"开始,经由康德发展并确立,在黑格尔时期达到鼎盛的认识论哲学,其核心理念是以主体与客体二分法为基础的认知思维模式。这种认知模式是一种独白式的思维范式,过于强调主客二分在认识世界中的范式作用,割裂二者之间的联系,无法解释社会主体之间的相互协调机制,更无法解释社会合理化的可能性条件。因此,哲学家们逐渐发现在主体性的认知模式下,权力、货币或其他相关媒介对意识产物的干涉性过强,使得主体控制并压抑客体,于是将研究的目光转向了语言。

到了语言论阶段,由主体性哲学膨胀而来的人类中心主义受到广泛质疑。同时,由于忽视主体与主体之间的关系而产生的历史局限性也越来越受到学者们的关注。因此,主体间性哲学应运而生。哲学关注的核心不再是先验的"我思",而是生活世界中以主客自然关系为基础的主体之间的社会关系。哈贝马斯指出,以往的有效性标准过于突出主体性,以从先验主体与理性自我要求出发的纯粹理性事实为基础,给现代化的发展带来诸多的社会问题。如果要将为经验提供可能的理性世界转变为主体交往的生活世界,就要将关注的重心转移到以现实生活为基础的对话协商层面。同时,由于语言与世界同构,不仅可以外显主观世界,描述外在物理世界,还可以构建人的内心世界,因此语言作为"人的存在方式"成为哲学家关注的焦点。人作为社会性的存在,依托的不是个人的自我意识,而是彼此之间的交流与互动。主体间性以主体的存在为基础,关注主体之间关系的建立与共识的形成,这使得哲学研究进一步融入了社会性的因素。

① 柏拉图:《柏拉图全集》第二卷,王晓朝译,人民出版社2003年版,第664页。

二、主体间性的凸显

主体间性是认知主体之间的关系,与知识的客观普遍性相关。哲学解释学认为,主体间性是主体与主体之间的沟通与理解,指向存在或解释活动中人与世界的同一性,可以回答“认识何以可能”的问题。在社会学中,主体是社会性的人,主体间性主要关心人与人之间的关系以及共识问题。

哈贝马斯认为,市场机制和行政管理结构操控现代社会的各个方面,就是以意识为中心的主体性哲学所带来的后果。这也就是哈贝马斯所说的“生活世界的殖民化”。他认为,只有摒弃主体性的认知模式,转而倡导以互动为基础的主体间性模式,才能改变这一现状。在他看来,这种模式实现的唯一途径就是人与人之间的言语行为沟通。哈贝马斯与意识哲学的决裂,使得哲学范式从主体指向客体的单向认知模式转变为主体与主体之间双向互动的交往模式。

主体间性最大的特点就是强调互动双方之间的平等性。哈贝马斯强调,只有通过充分的对话与交往才能使主体之间形成共识。如果交往既没有受到外在的偶然力量的阻碍,更重要的,也没有受到交往结构本身的强制,这种言语情境就被称为理想的言语情境。① 在理想的言语情境中,主体在选择与施行言语行为时拥有平等的机会,因此,可以避免产生因交往结构自身的局限而导致的强制。在这一语境下,不但对话角色可以普遍互换,而且主体之间承担这些角色的机会都是平等的,即施行言语行为的机会是均等的。这种理想的言语情境就依赖于以话语的可理解性为基本前提的三个基本有效性要求,即客观的真实性、主观的真诚性和规范的正确性。换言之,在理想的言语情境中,每个主体都有同样的机会运用交往式言语行为,发出话语和回应别人的话语,或者提出质疑和回答质疑;每个主体都有相同的机会运用记述式言语行为阐释、断言、说明和论证,并建立或

---

① Habermas J, *On the Pragmatics of Social Interaction*: *Preliminary Studies in the Theory of Communicative Action*, Cambridge:MIT Press,2001, p.97.

驳斥有效性要求；每个主体都可以平等地运用表现式言语行为来表达自己的好恶、情感和愿望；每个主体都有相同的机会通过运用调节式言语行为来发出命令或反对命令等，目的在于避免话语霸权。

很多学者认为，哈贝马斯的交往行为理论过于理想化，脱离了“粗糙的地面”。在现实的生活世界中虽然不存在绝对平等的交际，但暂时的相对平等是十分普遍的现象。也就是说，在现实的话语互动中，平等是相对的，不平等是绝对的。但在平等与不平等的两个极端之间，存在着各种程度的不平等。这就构成了一个关于不平等程度的连续体（continuum）。各类机构话语依据自身的特点分别对应该连续体中的不同节点。在某些机构话语语境下，双方几乎拥有均等的机会来发表自身的看法与意见，即双方主体具有平等的机会来选择和使用交往式言语行为、记述式言语行为、表现式言语行为和调节式言语行为。因此，作为主体间性理论核心的平等性在不同类型的话语互动中会有不同的体现，不能一概而论。

三、话语与主体间性的关系

作为使用中的语言，话语原指口头或书面文字表达。但是，随着研究的不断深入，话语的复杂性逐渐显现出来，学者分别从不同的侧面阐述了自己的话语观。斯塔博斯（Stubbs）认为，话语主要是自然状态下产生的连贯的口语或书面语。[①] 费尔克劳福（Fairclough）认为，话语是以口头或书面形式的语言使用，是社会实践的一种形式，话语即社会实践。[②] 话语展现的是语言这个特殊的在者作为本体拥有人的具体方式。

（一）话语对主体间性的建构

语言是语言哲学与语言学共同关注的焦点。主体间性哲学的建立凸显了主体之间的交往互动在构建生活世界中的重要作用，强调了话语双方对话语意义的共同建构性。言语交际同意义生成一样，都是一个动态过

① Stubbs M, *Discourse Analysis*, Chicago: The University of Chicago Press, 1983, p. 1.

② Fairclough N, *Language and Power*, New York: Longman Group UK Limited, 1989, p. 15.

程。它们不只是由说话人单方面生成的或由听话人解释的。通常认为,话语意义以词语意义为基础,通过主体之间的言语互动进行意义协商。因此,在主体间性哲学的视域内,意义不是单独主体可以单方面建构的静态意义,而是双方主体在互动过程中共同建构的。这种角度下的意义建构是以语言系统中已经规约形成的静态意义为基础,主体之间再通过意义协商以及话语语境(包括物质、社会和语言语境)的制约而形成的动态意义。同样,在我们看来,语言学中所谓的话语语境即为哲学中的生活世界,而动态意义也正是主体间性的具体存在方式。以此为基础,通过抽象的反思,我们认为,那些已经进入语言系统、被固化在语言符号形式内的静态意义正是主体对客体的认识结果。由此可见,主客二分所体现出的主体性与主体互动所呈现的主体间性之间是相互依存的。主体性产生静态意义,为主体间性提供互动的基础与物质材料,使主体间性成为可能。主体间性以主体性的产物为基础,通过生活世界中的互动进一步产生动态意义。在生活世界中,动态意义会根据其自身出现的可能性大小而被"自然选择",或者被历史所淘汰,或者在主体中形成共识从而通过符号的固化而进入语言系统,构成新的静态意义,成为新的主体性存在。因此,主体性与主体间性相互依存,二者相互转化,其过程循环往复。

我们认为,主体间性的本质在于主体之间的相互依存。表现在话语互动中,即为发话人以受话人的存在为前提,并且双方之间的地位在不断转换。对话双方虽然具有各自独立的主体性,但也要受到对方存在的制约。也就是说,发话人在发出话语时也要受到受话人存在的限制,并且受话人将是潜在的发话人,二者之间地位的平等与相互转化使得主体性受制于主体间性。主体性离不开主体间性,以主体间性为存在前提。主体间性的崛起不是对主体性的全盘否定,而是旨在消除传统哲学中孤立、片面的个人主义中心观,克服主客二分的对立,揭示主体之间的相互依存与共生关系。个体主体只有进入主体间性的网络,通过平等的交往与互动,得到彼此的相互认同,才能存在。

作为人类交际与沟通的实现方式,话语自然成为哲学家们探究主体间性的最好切入点。哈贝马斯认为,交往对话关系是人类的基本关系。如果交往行为是人类的基本行为,那么人与人之间关系的建立就是依靠彼此之间的交往。交往则主要依靠语言的交流与互动,话语就自然成为人与人之间构建社会关系的主要桥梁。主体之间的交往就是意义的互动,话语中词语的静态意义体现了主体性,而话语中动态意义的生成过程则体现了主体间性。因此,可以说是话语建构了主体间性。

(二)目的与话语、主体间性的关系

如果主体间性是由话语来建构的,话语又是人对语言系统进行选择的结果,那么这种选择又是由什么来支配的呢?塞尔曾经指出,主体在语句中体现出的各种语用意义构成说话人意义。主体在选择语言形式与发出话语时所意谓的东西,在某种限度之内,完全是属于他的意向(目的)。由此可见,话语选择凸显了人的主观性,即目的与意向在语言研究中的重要地位。

人类对世界的认识结果最终还是要以语言的方式呈现出来,人与人之间的互动也主要依靠语言来实现,进而构成主体间性。因此,主体性和主体间性的主要体现方式都是语言。同时,人作为有独立意识的动物,其对世界的认识带有无法避免的主观性。在交际互动中,人的主观性就体现在语言的选择与使用,而选择的基础就是交际目的。主体双方会根据自身不同的交际目的,综合对生活世界中各种因素的判断,在自己掌握的语言资源中进行材料选择,进而形成连贯、完整的话语提供给另一个主体。对方主体接收到信息后,会根据自身的意向性并结合语境对话语内容进行判断,以便做出反应。事实上,话语交际的本质就是交际目的导向下的语言选择。在这个过程中,交际双方的角色不断转换,是主体到主体间的意义协商活动。

目的性是人的根本属性之一,也是支配人类一切活动的内在动因。康德曾经指出,理性的人与其他动物的区别就在于人可以为自己设立一个目的,人就是这个世界上独一无二的能够形成目的的存在者。目的是存在于主体的观念,是主体在认识客体的过程中,按照自己的需求和对象本身的固有属性预先设计的。它体现了对自身的需求与客观对象之间的内在联系。[①] 话语是目的导向下的语言选择结果,"话语的主体性也作为背景在话语的时空中呈现着,即便只在命题内容的范围内,最一般的陈述也包含着话语结构性的主体存在"[②]。话语的这种结构性与能产性使得目的的外显具有多样性的结果,也使得主体间性的建构表现出各种各样的形态。

目的作为一种内在的动因,促使话语的产生,决定着话语的选择。主体之间目的关系的不同是主体间性的表征。目的关系以一致与冲突为两个极端,通常情况多为处于二者之间的中间状态。主体会根据交际双方目的关系的不同来选择话语形式,进一步构建不同主体之间的关系,交往行为如此循环往复构成主体间性。同时,先在的主体间性构成生活世界的组成部分,以语境的身份对主体的目的产生限制,使得主体必须将自身目的与现实语境综合考虑后做出恰当的话语选择,以便交际顺利进行和社会关系的正常持续。在一定意义上,目的是人的主体性体现,主体间性是人与人之间的关系。话语是主体性的外显,在受制于先在的主体间性的同时,对此在的主体间性进行建构。由此可见,目的、话语与主体间性三者之间的关系是:主体间性就是以主体性为基础的主体之间的目的协商。主体间性依托话语互动来建构,话语互动就是意义协商的过程,意义协商的实质就是双方交际目的的协商。

"主体间性是20世纪西方哲学中出现的、标示着西方哲学实现第二次意义深远转向的哲学思想。"[③]它不仅意味着现代哲学对近代主体性哲学的扬弃,也引发了哲学范式从主客对立向交互主体性的转变。主体间性是主体之间的相互认知关系,以统一主体与客体为基础,引导客体主体化,通过理解来实现相互依存的共识关系。话语作为主体之间相互交流的手段,是

---

① 夏甄陶:《关于目的的哲学》,上海人民出版社1982年版。

② 姜永琢:《语言与"主体性"问题》,载《北方论丛》2011年第2期。

③ 周家荣、廉永杰:《主体间性哲学思想的人本特征》,载《北方论丛》2007年第6期。

主体间性建构的基础。以话语为媒介的文化共享是主体间相互理解的必要条件。胡塞尔认为,主体间性以主体的群体化为前提,先在主体间性是后继主体间性的构成成分。这些主体间性相互作用进而构成客观世界。在不同主体相互交往的过程中,交际目的决定主体的话语选择,进而作用于以话语为基础建构的主体关系。由此可见,交际目的是话语的内涵,主体间性是话语作用的结果。这反映出主体间性哲学以人为本的特征。因此,对目的、话语和主体间性三者关系的进一步探究可以揭示社会关系的具体建构方式,也可以丰富语言哲学的研究内容。

第九章　意义与指称：英美分析哲学中的语言哲学思想

英美分析哲学被视为典型的语言哲学,他们采用逻辑分析的方法,尝试通过对语言的形式分析来解释世界。早期英美分析哲学追求构建逻辑上完美的形式语言,认为哲学的问题都源于日常语言的不完美,应通过建立适合逻辑分析的语言解决哲学问题。

第一节　弗雷格

弗雷格是逻辑实证主义的创始者,语言哲学的开拓者,对形式语言的追求他并不是第一人,但却是实现这一理想的艺术巨匠。早在古希腊时期,亚里士多德在《前分析篇》中用字母表达一般概念以揭示三段论的推理形式。但当时只是在自然语言的基础上添加一些符号,只能算是一种半形式化的语言。1710 年,莱布尼茨在《神正论》中设想建立一种普遍语言(language of universal characteristic),"这种语言是一种用来代替自然语言的人工语言,它通过字母和符号进行逻辑分析与综合,把一般逻辑推理的规则改变为演算规则,以便更精确更敏捷地进行推理"①。他把这种语言称为"人类思想的字母表"(alphabet of human thought)。在这种语言中,一切理性真理都会被还原为一种演算。弗雷格直接从莱布尼茨那里得到启发,增加了一种新的符号"⊢",而且这种新符号处于中心的位置,与所有其他符号邻接。这样就补充了现有形式语言的不足,创建了自己的概念文字。

一、概念文字

1879 年,弗雷格的《概念文字》发表,副标题为"一种模仿算术语言构造的纯思维的形式语言"②。这清楚地点明了弗雷格构造"概念文字"想要达到的目的,即通过设立一些形式符号建立一套逻辑运算和推演系统,运

① 莱布尼茨:《莱布尼茨自然哲学著作选》,祖庆年译,中国社会科学出版社 1985 年版,第 8 页。

② 弗雷格:《弗雷格哲学论著选辑》,王路译,商务印书馆 2006 年版,第 1 页。

用逻辑语言来研究数学。弗雷格在《论概念文字的科学根据》中写道:"我希望有下面这样一种概念文字:它必须有逻辑关系的简单表达方式,这些表达方式限制在必要的数量之内,必须能够被人们简便而可靠地掌握。这些形式必须适合于与内容最密切地结合在一起。同时必须力求简洁,以便能够充分利用书写平面的二维广延达到描述的清晰。"①

《概念文字》与《逻辑哲学论》一样,虽然篇幅精致,但是内容丰富,影响深远。全书仅有3章:首先,讨论了算术方法的运用问题,并直接提出了关于建立一阶谓词逻辑的设想;其次,通过对符号的形式分析及对纯思维的判断的推导,揭示判断之间的逻辑关系;最后,证明概念文字对数学语言的改造作用。根据《西方哲学史(学术版)》第八卷的划分,弗雷格的"概念文字"可以被归纳为三方面:采用了算术的形式方法、对思维活动的一种形式构造及对我们语言的表达形式的改造或推进。

弗雷格在《概念文字》中明确提出了要对日常语言进行改造,并要通过建立概念文字弥补日常语言的缺陷。他认为日常语言在表达思维时存在太多的混乱,传统逻辑并没能解决这一问题。他指出:"同一个词用来表示一个概念和处于这个概念之下的一个个别对象,根本没有表现出概念和个别事物之间清楚的差别。"②例如"鱼"可以表示个别的某一条鱼,也可以表示类或概念,如"鱼是生活在水里的动物"和"这是一条鱼"。所以,弗雷格明确提出需要一种形式化的符号系统来弥补日常语言由于自身的可变性而带来的这些缺陷。这种符号系统的最大特点在于它的不变性,但是这种语言也不是算术语言。虽然算术语言不传达声音,直接表达事物,是一种形式化的语言,并且允许在一行表达一个简单判断的内容,但是由于算术的形式语言缺少逻辑联结词的表达,所以它还不是完全意义上的概念文字。此外,这种形式语言不但需要具有算术语言的特征,更重要的是它还需要具有普遍性和无歧义性。这种形式语言最核心的思想是把自然语言

① 弗雷格:《弗雷格哲学论著选辑》,王路译,商务印书馆2006年版,第44页。

② 弗雷格:《弗雷格哲学论著选辑》,王路译,商务印书馆2006年版,第40页。

表述的语句抽象化，即用符号表示客观世界中的各种命题。概念文字巧妙地运用算术的纯粹形式化特征，是一套能够适用于一切重视证明有效性领域的形式语言。弗雷格把这种形式语言看作是为一定的科学目的而构想出来的辅助工具。此外，他认为近代所有重大科学进展都是由方法的改进而推动的，因而概念文字的出现也必将推进新科学的诞生。

为了构建概念文字，弗雷格首先从算术语言的整体思想内吸收营养。他采用算术语言所使用的字母的方式，借鉴算术语言和自然语言的表达方式，用表示逻辑关系的符号来补充算术语言的不足。概念文字主要由以下部分构成：代表不确定的数或函数、可以意谓（bedeuten）①不同事物的字母和具有完全确定意义的+、-、√、0、1、2 等符号；表示条件、否定、同一、普遍性等符号记法构成的判断。此外，弗雷格还引入了判断符号“⊢”，并用“自变元”与“函数”代替了“主词”和“谓词”。他相信“用自变元和函数这两个概念替代主词和谓词这两个概念将能经受住长时间的考验”②。因此，概念文字是对纯粹思维的形式表达。

二、语境原则

20 世纪语言学中诞生一个新的学科——语用学。语境作为语用研究中一个最重要的参数自然也受到研究者的关注。自从马林诺夫斯基（Bronislaw Malinowski）于 1923 年系统提出语境思想以来，不同领域的学者对语境进行过多角度的探讨，但是在语言学界很少有学者注意到弗雷格的语境原则。弗雷格是一位具有开创意义的哲学家，他构造概念文字并且创建一阶谓词演算系统。同时，他提出的语境原则（context principle）是当代西方分析哲学的重要原则之一，也是维特根斯坦等人思想的理论出发点。③

① 由于对 bedeuten、bedeutung 等词的英译问题存在很大争议，但与本书关联不大，因此此处仅采用德文标注，而汉译采用王路的译法，译为“意谓”。

② 弗雷格：《弗雷格哲学论著选辑》，王路译，商务印书馆 2006 年版，第 5 页。

③ 叶秀山、王树人总主编：《西方哲学史（学术版）》第八卷，江苏人民出版社 2005 年版，第 109 页。

王路曾指出,弗雷格对维特根斯坦的影响是巨大的。这种影响主要表现在两个方面,一是现代逻辑的思想,二是应用这种现代逻辑的方法来分析和思考哲学和数学问题。[①] 语境原则就属于后者。

1884 年,弗雷格在《算术基础》中谈到该如何为数下定义时提出三条基本原则,其中的第二条是"必须在句子联系中研究语词的意谓,而不是研究个别语词的意谓"[②]。这被称为"语境原则",通常表述为"一个词只有在句子中才有意义"。他提出这条原则是为了将"心理学的东西和逻辑的东西,主观的东西和客观的东西明确区别开来"[③]。弗雷格反复强调不能孤立地追问一个语词的意义,只能在一个命题的关联中去追问。人们必须始终想到完整的命题。真正说来,只有在它们之中语词才具有意义。达米特(Dummett M)在《实在论》(1963)一文中表示,语境原则体现了弗雷格确定名称指称的方法。

弗雷格一生的追求就是通过逻辑研究数学,进而为数学提供坚实的逻辑基础。"弗雷格在谈到数的概念时明确否认可以通过表象或直觉的方式得到一个数的观点,认为由于语词只有在句子的联系中才意谓了某种东西,所以,重要的是要说明含有一个数词的句子的意义。"[④]由此可见,在语境原则中,句子是意义的基本单位。其实,这个思想早在《概念文字》中就有所体现。弗雷格认为应该将句子放在首位,通过分析由简单句构成的复合句,再到句子内部的逻辑结构,最后得出构成句子的概念。这也就意味着不能独立思考词或概念的意义,应该将它们置于句子的语境下进行研究。只有把它们看作句子或命题的一部分,它们才有意义。这也就是弗雷格在《算术基础》中说的"语词只有在句子联系中才意谓某种东西……只有在完整的句子中词才有意谓"[⑤]。可见,弗雷格抛弃了以往从概念分析入手

---

① 王路:《弗雷格和维特根斯坦:一个常常被忽略的问题》,载《开放时代》2001 年第 3 期。

② 弗雷格:《算术基础》,商务印书馆 1998 年版, 第 9 页。

③ 弗雷格:《算术基础》,商务印书馆 1998 年版, 第 8 页。

④ 叶秀山、王树人总主编:《西方哲学史(学术版)》第八卷,江苏人民出版社 2005 年版,第 108 页。

⑤ 弗雷格:《算术基础》,商务印书馆 1998 年版,第 77 ~ 78 页。

的认识模式,提出应该重视句子中语词之间的联系,并且将这种联系作为认识的前提和基础。这些都对以往哲学构成很大冲击。更值得提及的是,弗雷格还认识到非言语语境在判断意义中的作用。“纯语词不是完整的思想表达,相反,为了正确地理解它们,还需要认识说话时的某些情况,这些情况在这里作为表达思想的手段。示意、手势、眼神也可以属于这些手段。”①可见,弗雷格已经考虑到身势语等副语言在判断语词的意义中所起的作用。语句并不能完全包含意义,须要用这个意义所在的语境来补充。

当然,弗雷格提出的语境原则是服务于他的逻辑思想,目的是给数学提供清晰的逻辑基础。维特根斯坦将这种思想应用于自己的哲学体系,试图解释世界,并为语言研究指明新的方向。

三、含义与指称

弗雷格作为数理逻辑的创始人,生前默默无闻,身后声名显赫。达米特 1973 年出版的《弗雷格的语言哲学》,是研究弗雷格思想的重要文献。弗雷格的研究目标是为数学提供可靠的逻辑基础,把数学作为一个分支纳入逻辑。1879 年,弗雷格出版第一部著作《概念文字》,提倡构造一种纯形式化的语言,保证一个符号只表征概念本身和概念之间的关系,排除自然语言中的修辞,避免歧义,但并没引起学界的注意。1884 年,弗雷格出版的第二部专著《算术基础》,是弗雷格核心思想最明确、最完善的阐述,遗憾的是,依然默默无闻。1891 至 1892 年,弗雷格先后发表三篇重要的论文:《函数和概念》《论概念和对象》《论意义和指称》。其中,《论意义和指称》(*über Sinn und Bedeutung*, *On Sense and Reference*)被视为分析哲学的奠基之作。接下来,他计划出版《算术基本法则》,这是一部完整的逻辑哲学著作。1893 年出版了第一卷,1903 年出版了第二卷,但是第三卷一直未出版。原因是罗素于 1902 年写信给他,信中提出“罗素悖论”。这一“悖论”对弗雷格的研究体系造成毁灭性打击,撼动了其整个思想体系的根基。弗雷格非

① 弗雷格:《弗雷格哲学论著选辑》,王路译,商务印书馆 2006 年版,第 137 页。

常沮丧,但是仍然承认自己无法解决罗素悖论,无法证明所有的算术真理都是先天分析的,也就是说,他要将算术建立在逻辑上的毕生努力失败了。之后,晚年的弗雷格转变了自己的研究方向,尝试在几何学的基础上建立全部数学的基础,但是也未成功。

弗雷格明确反对心理主义,认为心理涉及的是人的思想中主观和私人的方面,而逻辑是客观的,是独立于个人思想而存在的。虽然弗雷格的研究初衷并不是语言,也不是通过语言研究来探究数学或逻辑的基础,但是他不得不研究语言。因为他意识到思想的结构必须在语句的结构中得到考察。这也被达米特视为语言转向开始的根本点。

弗雷格撰写《论意义和指称》是为了通过区分关于特定表达的意义(sinn)和指称(bedeutung)来解决有关同一性陈述和空名的难题。他举例说,陈述(a)"晨星与晨星相同"没有提供新信息,而同一性陈述(b)"晨星是暮星"却提供了新信息。"晨星"与"暮星"具有相同的指称,因此我们无法通过指称来解释(a)和(b)之间的差异。一个词语的指称是该词语所代表的东西,因此,知道一个词语的指称就是知道该词语所代表的东西。例如如果你知道金星是"晨星"这个词的指称,那么你就知道"晨星"代表金星。但是,如上所示,知道一个词语的指称不足以理解该词语的意义。句子因为涉及命题态度的问题,所以情况会更复杂一些。例如"x 相信 p""x 希望 p"。如果张三不知道"暮星"是"晨星",而我们用"暮星"代替"晨星",那么这句话"张三相信晨星是金星"的真值和意义就发生了变化。换句话说,"张三相信晨星是金星"可能是真的,并不意味着"张三相信暮星是金星"也是真的,尽管"晨星"和"暮星"具有一样的指称。

名称的意义是其表征指称的方式,它使我们能够通过一定的方式思考指称或是通达指称。词语的意义不应与观念(idea)、心理图示(mental image)相混淆。意义独立于心灵(mind)而存在,为不同具有思维能力的主体所共有,是客观的,但观念是私有的、主观的。名称的意义也决定其指称。两个具有相同意义的名称通常具有相同的指称,这样的两个名称通常被称为同义词,但两个具有相同指称的名称却不一定具有相同的意义,比如前面探讨的晨星与暮星。

第二节 罗素

罗素(1872—1970),哲学家,诺贝尔文学奖获得者,出生于一个杰出的英国贵族家庭。罗素关注的主要哲学问题为:第一,否定唯心主义,并试图用现实主义代替形而上学;第二,专注于怀疑主义的挑战和寻求知识的基础,这包括他对逻辑主义的辩护和他与怀特海(Whitehead)一起通过将哲学简化为逻辑来建立数学基础的巨大尝试;第三,使用形式逻辑作为分析哲学的工具问题,这是他严谨科学的方法的一个方面,也是分析哲学的一个标志。

罗素对逻辑和数学问题的关注与他对形而上学的兴趣密不可分。这些反过来引起了人们对意义和语言问题的关注。但是,应该指出的是,罗素从未将自己视为语言哲学家,并且他为在20世纪哲学中对普通语言的过分关注感到遗憾。

罗素最著名的分析方法示例是他对表示短语的描述,例如描述和专有名称。罗素于1905年发表了具有里程碑意义的文章《论指称》,建立了他的摹状词理论,其目的是通过揭示各种类型句子的正确逻辑形式来解决许多哲学难题。

一、逻辑分析方法

"罗素对分析哲学的最大贡献就是他提出的逻辑分析方法。他在自己整个思想发展过程中,始终坚信这样一条基本原则:哲学的主要任务就是对语言的逻辑分析。"[①]罗素的"逻辑分析"就是运用现代数理逻辑这一工具,主要从形式方面分析各种语言命题,尤其是日常语言命题,目的是得出

① 叶秀山、王树人总主编:《西方哲学史(学术版)》第八卷,江苏人民出版社2005年版,第119页。

准确的哲学结论。这显然受到了弗雷格的影响。

罗素本人在《数学原理》第一卷的序言中提到:“在全部的逻辑分析方面,我们主要受益于弗雷格。”①罗素与弗雷格一样,都是由于对日常语言的不满而强调对语言的逻辑分析。他认为日常语言的词汇和句法都模糊不清,经常使人们产生误解。在词汇方面,当一个词被用于某些相似的不同事物时,人们并没有考虑这些事物是否具有同一性。可是一旦某个词有了固定的表述对象,人们就会受到它的影响,认为它一定就表示了它所代表的对象的存在。与此同时,哲学中使用的许多抽象名词也大多具有歧义,因而它们无法成为严格科学的一部分。在句法方面,陈述的句法形式或语法结构往往限制我们的思想,而主谓结构的句法形式以及把谓词等同于属性的形而上学联系,更是妨碍我们正确思考的绊脚石。

因此,罗素认为只有运用逻辑分析方法对日常语言进行分析和改造,才能消除日常语言的词汇和句法对哲学的消极影响,并在这个基础上建立一种理想的人工语言。

“罗素是把逻辑实证主义发扬光大的重量级人物。”②在1905年发表的《论指称》一文中,他第一次运用逻辑分析方法分析哲学问题,并且取得巨大成功。这篇文章成为分析哲学的经典文献。

他在当代哲学中首次强调逻辑分析的重要性,并把这种逻辑分析方法广泛地运用于不同方面。罗素认为,这种逻辑分析方法主要是一种下定义的方法,包括“实在定义”和“语境定义”。他主要采用后一种方法,或许这也是受到弗雷格语境原则的影响。他认为语境定义的对象是语言本身,是用一组语言符号代替另一组语言符号。同时,它通过先天的分析命题来表达,没有真值。罗素认为,定义是这样一种陈述:某个新引入的符号或者符号组合的含义,与我们已知道其意义的其他某些符号组合的含义是相同

① Russell B, *Principia Mathematica*, Cambridge: Cambridge University Press, 1910, pp. Ⅷ - Ⅸ.

② 李洪儒:《现代欧洲大陆语言哲学研究——站在流派的交叉点上》,黑龙江大学博士后研究工作报告2008年,第42页。

的。严格地说,定义不是它出现于其中的主词的一部分。因为,定义完全与符号相关,而不是与符号所象征的事物相关。而且,它无所谓真假,它是意志的表现,而不是命题。

同时,罗素还指出传统形式逻辑的不足,认为它不适合作为哲学分析的工具。传统逻辑拘泥于狭隘的逻辑思维形式,认为主谓命题是唯一的命题形式。但是像"A 大于 B"这样的命题就不是一个主谓命题,而是一个关系命题,它表达的是在 A、B 两项之间存在某种关系。只有像"这个桌子是平的"这样的命题才是一个主谓命题,其中的主项代表某一个体,谓项表示的是这一个体的某一属性。罗素强调区别这两类命题,可以消解以往一些由于将二者混淆而带来的错误。而这种错误就是把某一事物和其他事物之间外在的、可分离的关系都看作内在的、不可分离的属性,进而认为任何一个事物之所以为这一事物就在于它具有这些属性。而现代的数理逻辑则需要"外在关系说",就是把关系视为外在于事物的独立存在,像纽带一样在事物之间起联结作用。例如传统逻辑认为关系是内在于或附属于事物的性质,那么如果 R 内在于 a 或 b,那么 R(ab)和 R(ba)就没有区别。也就是"太阳比地球大"和"地球比太阳大"、"北京在西藏的东边"和"西藏在北京的东边"等都将是相等的,这显然是荒谬的。这些问题在罗素的类型理论(theory of types)中都能得到解决。

同弗雷格一样,罗素希望能够通过使用逻辑分析的方法建立一种理想的人工语言。这种语言以现代数理逻辑为基础,并能够克服日常语言缺陷,包含正确的逻辑句法,从而达到准确表述哲学命题、解决传统哲学问题的目的。由于罗素的逻辑分析方法强调命题意义的准确、推理过程的严密和最终结论的坚实可靠,因此对后来的分析哲学家的研究方法和理论观点的形成都存在着直接或间接的影响。这种方法在当代语言哲学和科学哲学研究中得到广泛运用。他本人也在后期的研究中,将逻辑分析方法用于分析逻辑中一些不完全符号,进而提出被誉为"分析哲学典范"的摹状词理论(theory of descriptions)。在一定意义上说,罗素在哲学和逻辑学上的成就主要来自他对逻辑分析方法的熟练运用。

二、逻辑原子主义

这是颇有争议的一部分。从历史的角度看，逻辑原子主义（logic atomism）由罗素和维特根斯坦共同创建，但是由于罗素的工作和著作才得以传播。罗素公开承认他的这个理论直接来源于维特根斯坦的思想，他说："这些讲稿[①]在很大程度上是关于我从我以前的学生和朋友路德维希·维特根斯坦那里得到的某些观点的阐明。"[②]江怡认为，从历史的角度看，没有任何资料能够明确地表明这个思想最初是由谁提出的，应当说罗素和维特根斯坦都是这个思想的创始人，因为正是在他们的热烈讨论中维特根斯坦逐渐形成了自己的逻辑思想，而罗素也通过这个讨论修正和完善了自己原来的思想。[③]

罗素在《数学原理》中提出逻辑原子主义的基本观点后，又在《逻辑原子主义哲学》（1918）中全面系统地阐释这一理论。逻辑原子主义是罗素把逻辑分析方法应用于抽象本体论的直接成果，也是最能体现罗素哲学精神的一种理论体系。[④] 它的核心思想主要包括：世界由无数事实构成，事实使命题具有真值；最简单的事实是原子事实，与之相对应的是原子命题（atomic proposition）；复杂事实对应的是分子命题（molecular proposition）；原子命题通过逻辑的运算或推理就可构成否定命题，或组成分子命题，并且决定分子命题的真值；原子命题之间相互独立，既不相互推导也不相互矛盾；专名和表示属性或关系的谓词构成原子命题；原子命题与原子事实同构；分子命题与复杂事实同构；等等。

罗素认为整个宇宙是以原子事实为基础的逻辑构造，而与它相对应的则是一个理想的逻辑语言体系。他在《逻辑原子主义哲学》中写道："我称

---

① 指《逻辑原子主义哲学》（1918），笔者注。

② 罗素：《逻辑与知识》，苑莉均译，商务印书馆1996年版，第89页。

③ 江怡：《维特根斯坦：一种后哲学的文化》，社会科学文献出版社1996年版，第25～26页。

④ 叶秀山、王树人总主编：《西方哲学史（学术版）》第八卷，江苏人民出版社2005年版，第121页。

自己的学说为逻辑原子主义的理由是因为我想在分析中取得的作为分析中的最终剩余物的原子并非物质原子而是逻辑原子。某些这样的原子就是我称为‘殊相’的东西(诸如很小的颜色片、声音、瞬间的事物),而还有一些原子是谓词或者关系等。其要旨在于我想取得的那种原子不是物理分析的原子,而是逻辑分析的原子。”①在罗素看来,任何关于世界的复杂陈述都是由原子命题以各种组合方式构成的。因此确定原子命题的真假后,将各个原子命题的真值代入复杂陈述的命题函项,就可以得到复杂陈述的真值,并由此获得关于世界的全部知识。例如“如果今天放假,我就去看电影”就是一个分子命题。罗素用分子命题意指具有“或”“如果”“和”等等这类词的命题。② 显然,这个句子的真值就是将其包含的两个原子命题的真值经过代入函项之后得出的。以此类推,就可以得出关于整个世界的知识。这就是罗素设想的理想语言体系。在这个体系中,利用原子命题以及它们的真值函项组合,我们就可以表述一切知识。将原子命题通过真值函项的方法进行组合就构成分子命题,这是对原子命题进行逻辑演算的一种最简单的形式。此外,罗素认为事实赋予命题真值。但是,这一点在维特根斯坦那里却有待商榷。对于这一问题将在下文集中探讨。

可见,罗素的逻辑原子主义是从逻辑哲学的角度出发研究世界的构造,研究世界的终极成分,研究这种世界的构造和终极成分与语言中的命题之间的对应关系。③

三、摹状词理论

回首罗素的一生,他提出了很多哲学主张,但这些主张对后世哲学的影响却没有他研究哲学的方法那么深远。“罗素在逻辑和哲学上最辉煌的

① 罗素:《逻辑与知识》,苑莉均译,商务印书馆 1996 年版,第 215 ~ 216 页。

② 罗素:《逻辑与知识》,苑莉均译,商务印书馆 1996 年版,第 250 页。

③ 叶秀山、王树人总主编:《西方哲学史(学术版)》第八卷,江苏人民出版社 2005 年版,第 126 页。

一笔是他创立的摹状词理论。"①罗素的逻辑原子主义因为"原子命题"的概念问题而走进绝境，这时罗素在弗雷格的意义与意谓的研究中得到启示，运用逻辑分析的方法提出了摹状词理论。

弗雷格对专名的理解过于宽泛，而且他没有区分专名和摹状词，他认为，一个单独的对象的名称可以由几个词或各种不同的指号组成。为简便起见，以后任何一个这样的名称我们都要将它看作是一个专名。因此，在弗雷格的理论中，"长城"是专名，"《西游记》的作者"同样是专名，"最小公约数"也是专名。罗素不同意弗雷格的观点，他认为真正的专名只有 this 和 that 两个。其余在弗雷格定义的专名中绝大多数只能算作是摹状词，而不能是专名。因此，罗素首先提出了专名与摹状词的区分，并把专名分为普通专名和逻辑专名。

1905 年，罗素在《论指称》(*On Denoting*)一文中第一次提出"摹状词理论"，并在此后的著作中加以扩充和完善。摹状词理论试图将传统形而上学的存在问题转变为摹状词的意义问题。它首先要解决虚拟事物的存在性问题。例如"金山不存在"这类经典的问题。"金山"没有意谓，而我们说出这些命题的时候就等于在某种意义上肯定了它们的存在。罗素通过区分专名与摹状词的方法来解决这个问题。他认为专名体现的是语言的命名功能，并且一定具有意谓；摹状词体现的是语言的描写功能，它是一个不完全的符号，不一定具有意谓，例如"金山"。也就是说"存在"只能作为摹状词的谓词，而不能作为专名的谓词。"罗素的摹状词理论像一把锋利的奥康剃刀，咔嚓一声便削去了哲学史上由视存在为谓词所产生的种种谬见。"②

罗素将专名与摹状词的区别主要归结为以下三点。首先，专名是亲知的，摹状词不是。亲知(acquaintance)理论是罗素摹状词理论的基础，是指

---

① 李洪儒：《现代欧洲大陆语言哲学研究——站在流派的交叉点上》，黑龙江大学博士后研究工作报告 2008 年，第 42 页。

② 尚志英：《寻找家园——多维视野中的维特根斯坦语言哲学》，人民出版社 1992 年版，第 32 页。

主体与客体之间的一种两项关系。罗素表示，“当我和一个对象有一种直接的认识关系时，也就是说，当我直接意识到对象自身时，我就说我亲知到了那个对象”①。专名具有命名功能，能直接指称说话者亲知的对象，而摹状词只能通过描述对象的特征来指示对象。因此，摹状词不是直接建立在亲知基础上。其次，专名是完全符号，摹状词是不完全符号。“罗素把摹状词叫作不完全符号。不完全符号的意义就是其本身，它没有现实的指称对象。”②罗素认为专名没有内部结构，它的组成部分没有独立的含义，专名本身就是一个完全符号。例如“维特根斯坦”这个专名由“维”“特”“根”“斯”“坦”5个字组成，但这些字不具有独立的意义，“维特根斯坦”的含义与这单独的5个字无关。而摹状词是一个具有内部结构的复合符号，它的组成部分有意义，摹状词的意义来源于其组成部分的含义。“一个摹状词由几个字组成，这些字的意义已经确定，摹状词所有的意义都是从这些意义而来。”③例如“《逻辑哲学论》的作者”这个摹状词，它所包含的“《逻辑哲学论》”“的”“作者”都是具有单独意义的词，但是它在孤立的状态下却没有意义，只能在一定的语境中才能获得相应的意义。如果不知道《逻辑哲学论》这部著作，那么“《逻辑哲学论》的作者”也就没有意义。摹状词只是描述对象的特征，通过这些描述来指称对象。最后，专名与摹状词的逻辑作用不同。专名是真正的逻辑主词，而摹状词只是语法主词。因为后者指称的对象不一定存在，有时它只是描述一种属性、一个关系或其他任何东西。

陈嘉映认为，摹状词理论的核心内容是改写某些语句，把包含特称描述语的乃至包含一般概念作为主词的句子改写为一个命题函式，以揭示其真实的逻辑结构，暴露出其表面语法只是假象。④“罗素在《数学原理》一书

---

① 贾可春：《罗素意义理论研究》，商务印书馆2005年版，第47页。

② 李洪儒：《现代欧洲大陆语言哲学研究——站在流派的交叉点上》，黑龙江大学博士后研究工作报告2008年，第42页。

③ 罗素：《数理哲学导论》，晏成书译，商务印书馆1982年版，第164页。

④ 陈嘉映：《语言哲学》，北京大学出版社2003年版，第126页。

中用了一个特殊的符号表示摹状词，读作‘具有性质 Q 的唯一 X’。此处，X 不是个体常项，而是一个变元。读作‘存在一个摹状词，它可以定义为存在一个 X；所有 Y，只要 Y 具有性质 Q，就可以推出 Y 是 X’。”①并且罗素将摹状词分为两类：不定摹状词和限定摹状词。不定摹状词通常是指不含定冠词 the 的指称词组，形式一般为“一个如此这般的某某”（a so－and－so），例如“一个人”和“一本书”等。限定摹状词是指含有定冠词 the 的指称词组，形式为“那个如此这般的某某”（the so－and－so），例如“世界上最大的海洋”和“《逻辑哲学论》的作者”等。而罗素的主要功绩就在于对限定摹状词的论述。他认为限定摹状词与不定摹状词的唯一不同是前者的唯一性。

摹状词理论影响巨大，是罗素对哲学和逻辑学最重要的贡献。它利用现代逻辑手段，通过对语言的分析，排除一些虚假概念，从而使概念更加明确化。罗素自认为摹状词理论澄清了自《泰阿泰德篇》以来两千多年间关于存在问题的混乱。更重要的是，摹状词理论进一步显示了逻辑分析的巨大作用，表明许多长期存在的重要哲学问题完全可以通过这一方法加以解决。此外，罗素通过分析含有摹状词的命题，揭示出语句的语法形式与逻辑形式往往不一致。许多哲学家由于没有认识到这一点，所以常常被命题表面的语法形式所迷惑，进而造成一些“哲学问题”。鉴于日常语言不能满足哲学分析的需要，罗素提出应该构造理想语言，并且把发现命题的真实逻辑形式放在首位。这些思想都对前期维特根斯坦产生很大影响，并在《逻辑哲学论》中有所体现。所以我们始终认为，罗素对摹状词的分析是一个哲学典范，是把逻辑方法应用于哲学分析的经典之作，开创了一个语言分析的时代。

第三节　前期维特根斯坦

路德维希·维特根斯坦（1889—1951）是 20 世纪伟大的哲学家之一。

① 李洪儒：《现代欧洲大陆语言哲学研究——站在流派的交叉点上》，黑龙江大学博士后研究工作报告 2008 年，第 42 页。

作为一个哲学家,他一生提出两种不同的哲学,这被看作是当代哲学乃至整个哲学史上的重要事件,使他的传奇经历有了可供谈论的思想背景。[①]作为语言转向中的关键人物,维特根斯坦的思想在语言哲学发展中具有重要意义。"可以说,整个语言转向就发生在他的思想当中——前期思想标志语言转向的真正开始,后期思想则意味着语言转向的完成。"[②]

终其一生,维特根斯坦是一个大师级的人物,不只在于他将前人的思想融会贯通,没有生硬的痕迹;也不只在于他将自己的思想完美呈现,没有丝毫的多余;更不只在于他将缥缈的形而上学回归到可以亲历的语言,用语言来图像化世界,进而分析语言展现世界的逻辑结构;而是在于他敢于在自己前期思想备受外界肯定的时候否定自我,不断突破,使得他从前期对理想语言的追求回归到后期对日常语言的关注。

维特根斯坦在前期的巨著——《逻辑哲学论》中指出:"哲学家们的大多数命题和问题,都是因为我们不懂得我们语言的逻辑而产生的。"[③]学界认为这一命题的提出是其语言批判思想的发端。维特根斯坦借用毛特纳使用的术语"语言批判",吸收康德的不可言说和图型说(schema)思想,在批判与发展弗雷格和罗素语言逻辑分析思想的基础上,最终形成自己的语言批判理论。在维特根斯坦前后两个时期的独特思想发展历程中,语言批判思想贯串始终,并且为后期转向日常语言分析埋下了种子。

一、理想语言的追求

前期维特根斯坦指创作《逻辑哲学论》时期的维特根斯坦。在这部划时代的巨著中,他将所有哲学问题都归于我们对语言逻辑的误解,并指出,"全部哲学都是一种'语言批判'(critique of language)"[④]。他认为:"哲学是由语言写成的,语言是由逻辑组织起来的,那么语言背后的逻辑就是通

① 江怡:《〈逻辑哲学论〉导读》,四川教育出版社 2002 年版,第 1 页。

② 谢群:《语言批判:维特根斯坦语言哲学的基点》,载《外语学刊》2009 年第 5 期。

③ 维特根斯坦:《逻辑哲学论》,贺绍甲译,商务印书馆 2005 年版,第 41 页。

④ 维特根斯坦:《逻辑哲学论》,贺绍甲译,商务印书馆 2005 年版,第 42 页。

约哲学的公约数,就是衡量哲学价值的'货币'。"①维特根斯坦设想创立一种理想语言,摒弃由于语言的含糊和逻辑的混淆而形成的伪问题,以便将可以言说的说清楚。同时,对于那些不可言说的,应该保持沉默。

维特根斯坦在概念文字的基础上进一步发展了形式语言,批判了日常语言所存在的不足,在语言中为人类的思维划定界限。弗雷格认为"非一义性"是日常语言在清楚表达问题上的最大缺憾。维特根斯坦在《逻辑哲学论》中也有类似的表达:

> 要求简单记号的可能性,就是要求意义的确定性。
>
> 为了避免这类错误,我们必须使用一种能够排除这类错误的记号语言,其中不将同一记号用于不同的符号中,也不以表面上相似的方式应用那些有着不同的标示方式的记号,也就是说,要使用一种遵从逻辑语法——逻辑句法——的语言记号。
>
> (弗雷格和罗素的概念记号系统就是这样的一种语言,诚然它也还未能排除一切错误。)②

此外,维特根斯坦以德语中的 ist 一词为例做了进一步的论述:

> 在日常语言中经常碰到同一个词有着不同的表示方式——因而属于不同的符号——或者有着不同表示方式的两个词以表面上相似的方式应用于命题之中。
>
> 就如"是"(ist)这个词既作为系词,也作为相等的记号和存在的表达式出现;"存在"(existieren)作为像"去"(gehen)一样的不及物动词出现;"同一的"(identisch)作为一个形容词出现。我们说到某事,同时也意味着说到某事的发生。
>
> (在命题 Grün ist grün 中,第一个词 Grün 是一个人的专名,最后一个词 grün 是一个形容词,这两个词不仅具有不同的指

① 李洪儒:《现代欧洲大陆语言哲学研究——站在流派的交叉点上》,黑龙江大学博士后研究工作报告 2008 年,第 44 页。

② 维特根斯坦:《逻辑哲学论》,贺绍甲译,商务印书馆 2005 年版,第 34、37~38 页。

谓，而且它们是不同的符号。)①

此外，维特根斯坦更深刻地反思了哲学上存在的问题，将哲学的问题都归结于语言的含混不清，提出“全部哲学都是‘语言批判’”的论断。他和弗雷格都认为语言限制了逻辑，模糊了逻辑关系。弗雷格认为语言的用法常常不可避免地形成一些概念关系的假象，而思想必须摆脱语言作为表达工具的这种性质，才能突破语词对人类精神的统治，从而使哲学的问题得到澄清。维特根斯坦认为：

> 人不可能直接从日常语言中懂得语言逻辑。
>
> 语言掩饰着思想。而且达到这种程度，就像不能根据衣服的外形来推出它所遮盖的思想的形式一样；因为衣服外形的设计不是为了揭示身体的形状，而是为了全然不同的目的。
>
> 罗素的功绩在于指明了一个命题表面的逻辑形式不一定就是它真正的逻辑形式。②

可见，使用语言的过程是语言在言说思想和逻辑的过程。正是在这个意义上，我们的思维受到语言的限制。语言已经不再是透明的工具，而是介于逻辑与世界，即人与世界之间特殊的在者。人们的正确思维要求语词保证一义性，这样才不会混乱我们的思维。日常语言无法满足这一要求，所以逻辑关系总是仅仅被语言暗示了出来，任凭人们去猜测，而并没有真正地被表达出来。③ 显然，在最本质的意义上，概念文字产生于准确表达思想的需求。但是概念文字能取代日常语言吗？是不是应该完全将日常语言遗弃呢？

弗雷格通过比喻的方式解释类似的疑问。他将两者之间的关系比作显微镜与眼睛，认为它们的适用范围不同。眼睛在自己的适用性和灵活性方面，显然要优于显微镜。但是如果把眼睛看作一种光学仪器，它就会出

① 维特根斯坦：《逻辑哲学论》，贺绍甲译，商务印书馆 2005 年版，第 37 页。
② 维特根斯坦：《逻辑哲学论》，贺绍甲译，商务印书馆 2005 年版，第 41、42 页。
③ 弗雷格：《弗雷格哲学论著选辑》，王路译，商务印书馆 2006 年版，第 41 页。

现许多缺陷，只不过在一般情况下，这些缺陷不易察觉。眼睛一旦被用于科学的目的进行高精度的分辨时，它的不足就立刻显现出来，而显微镜却完全适合这种高精度的要求。也正是因为这一点，显微镜很少能够应用于其他方面。在《论概念文字的科学依据》中，弗雷格进一步以人手和人造手的关系说明概念文字与日常语言的关系，强调人工语言的精确性是因为自身的僵硬与不变，是牺牲了灵活性的一种应用。所以，日常语言模糊和多变的“缺陷”反而是自身发展和多方适用的前提。因此，概念文字是为特定的目的创造的一种辅助工具，仅仅适用于有限的范围。但是这不能成为指责它的原因。

维特根斯坦也在设想一种理想语言能够将可以言说的说清楚，而对不可言说的保持沉默。可以言说的必须是基本命题的真值函项。基本命题是事态的图像，它的真假与其他命题无关，只能由它所描述的事态决定。另外，可以言说的命题也可能是由若干个基本命题通过一定的逻辑运算组合起来的复合命题，即基本命题的真值函项。在基本命题遵守逻辑句法的情况下，就形成了维特根斯坦的理想语言系统。虽然这个系统是全部可以说的东西，但同时它也是静态的、封闭的，排除了命题之间的或然关系，因此也只能适用于有限的范围。于是，理想语言不能表达超验的、神秘的世界等不可说的东西。维特根斯坦想用这种方式告诫哲人们，哲学不是给人们提供有关世界的知识，而是要澄清思想，摒弃由于语言的含糊和逻辑的混淆而形成的伪问题，从而以语言批判为方法开始新的哲学解释活动。弗雷格构造形式语言是为了解决数学问题，而维特根斯坦对形式语言的追求是为了解决哲学问题，即人和人的世界之间的关系问题。由此可以看出维特根斯坦比弗雷格更加深刻。哲学问题显然要比数学问题根本，在这个意义上，维特根斯坦比弗雷格走得更远。

二、语境思想

从《逻辑哲学论》来看，维特根斯坦几乎完全接受了弗雷格的语境原则，将其表述为：“只有命题才有意义；只有在命题的联系关系中名称才有指谓。”[①]由于命题形式是任何一个单个表达式的前提,并且只有在命题中它才有意谓,所以任何表达式都可以视为命题变项。确切地说,任何名称都不能脱离命题而存在,因为只有在一个命题中它才能有所指称。这就是维特根斯坦坚持语境原则的原因。无论是人类最初的指称行为,还是我们向他人解释指称,抑或是在人们使用它的任何场合,它都必须出现在某个或某些基本命题关联之中。脱离基本命题的关联,一个名称既不能获得意谓,也无法被使用。显然,这些思想成为后期维特根斯坦“意义即使用”理论的基础。

在《逻辑哲学论》中,维特根斯坦对语境原则进行扩展,并强调语词和短语要依赖于命题之间的关联。在维特根斯坦看来,语词是命题意义的基本组成部分,并且可以出现在多个命题之中,因而可以说它具有这些命题的共同特征。也就是说,它标示出一个形式。根据他的表述,我们认为语词也能够标示出一个内容。因为它在所有包含它的命题中的出现构成它的本质,进而可以通过这些命题的一般形式来表示它。在一般形式中,只有语词是稳定不变的,其他的所有成分都是变化的。比如“维特根斯坦”这个词不变,则可以有很多命题:维特根斯坦是弗雷格的学生,哲学家都喜欢维特根斯坦,维特根斯坦善于思考,等等。由此可见,语词不能脱离其所在的命题关联而独立存在或独立具有指称。正如维特根斯坦所说:

> 哲学中正确的方法是:除了可说的东西,即自然科学的命题——也就是与哲学无关的某种东西之外,就不再说什么,而且一旦有人想说某种形而上学的东西时,立刻就向他指明,他没有给他的命题中的某些记号以指谓。[②]

传统形而上学的命题中所使用的名称并没有指称,且许多这样的命题都是通过违反逻辑形式的方式构造出来的,因此它们并不是真正的命题。所以它们是不可说的,我们应当保持沉默。

---

① 维特根斯坦:《逻辑哲学论》,贺绍甲译,商务印书馆 2005 年版,第 35 页。
② 维特根斯坦:《逻辑哲学论》,贺绍甲译,商务印书馆 2005 年版,第 104 ~ 105 页。

根据王路(2001)的理解,《逻辑哲学论》中的许多思想方式与弗雷格完全一致,如强调符号语言比自然语言更有优越性,从句子出发来考虑问题和用现代逻辑方法来分析处理语句等。他甚至认为《逻辑哲学论》的许多观点和使用的语言与弗雷格都十分接近。例如"句子的意义就是它的思想",这显然是弗雷格的观点。又如"只有句子才有意义,必须在句子中名称才有意义",这几乎直接引用了弗雷格的语境原则。然而,维特根斯坦也有一些思想不同于弗雷格。他吸收语境原则的目的在于建立自己的命题函项理论,进而构建意义图像论。这种思想显然是弗雷格所不具备的。

虽然弗雷格和维特根斯坦的观点存在分歧,但他们的共同之处更为明显。他们都区分意义和指称,讨论专名和确定摹状词,但维特根斯坦倾向于把确定摹状词看作不完全符号。他们把真值函项作为逻辑的基础,但维特根斯坦试图以真值函项解释全称命题和存在命题。此外,他们都认为算术是先天的,但维特根斯坦却把算术等式解释为伪命题。这一切都表明前期维特根斯坦对弗雷格既有继承又存在发展。

哲学界普遍认为,后期维特根斯坦是对前期维特根斯坦的颠覆。但我们则认为前后期维特根斯坦的思想中仍然有很多相辅相成的部分。他在《哲学研究》(*Philosophcal Investigation*)的前言中写道:"因为新的思想只有同我的旧的思想方式加以对照,并且以旧的思想方式为背景,才能得到正确的理解。"①虽然前期维特根斯坦只是借鉴弗雷格关于概念文字的思想,但是弗雷格的语境原则却贯穿维特根斯坦前、后期思想。弗雷格认为,必须在句子联系中研究语词的意谓,而不是个别研究语词的意谓。这也是后期维特根斯坦语言游戏及生活形式等观点的基础。在《哲学研究》中,他也特意提及"这也就是弗雷格的意思。他说,一个词只有作为句子的一部分才有意义"②。可见,弗雷格对维特根斯坦的影响以及后者对启蒙老师的由衷敬爱。

---

① 维特根斯坦:《哲学研究》,李步楼译,商务印书馆 1996 年版,第 2 页。
② 维特根斯坦:《哲学研究》,李步楼译,商务印书馆 1996 年版,第 36 页。

三、逻辑分析方法

维特根斯坦在《逻辑哲学论》的前言中写道："这本书讨论哲学问题，并且表明——我相信——这些问题之所以提出，乃是基于对我们语言逻辑的误解。"[①]在整部书中，他就是通过对"我们语言逻辑"的具体分析，"为思想划一个界限，或者毋宁说，不是为思想，而是为思想的表达划一个界限"[②]。

罗素主张哲学的方法是逻辑分析。但维特根斯坦认为哲学本身就是逻辑分析，并进一步把逻辑分析和语言分析或语言批判等同起来。这种把哲学当作语言批判的康德式主张开创了新的纪元。维特根斯坦宣称，以逻辑分析为方法的哲学，其主要任务即在于取消"形而上学"，或防止人们提出任何形而上学的命题或问题。[③] 因为一切的哲学问题都已经被维特根斯坦一劳永逸地解决。他希望为思想的表达划定界限，将形式化的逻辑方法引入对哲学问题的研究。同时，他认为哲学是在逻辑分析中描述命题的意义、语言和实在的关系。他说："给出命题的本质就意味着给出了所有描述的本质，因此也就意味着给出了世界的本质。因此，命题和语言的本质就是世界的本质（世界是所有可以经由语言的命题描述的事实的总和）。"[④]在维特根斯坦看来，通过对语言的逻辑分析，可以揭示语言、思想与世界之间的关系，使人们认清语言的地位，同时也能够进一步引导哲学的语言转向。

维特根斯坦并没有全盘接纳罗素对日常语言的看法。罗素认为日常语言不仅不能恰当地表达人类的思想，甚至在逻辑上也存在缺陷。它欺骗、模糊人类的视线，有待于按照理想语言进行改造，而不仅仅是加以阐明。日常语言的缺陷导致了思想的缺陷，使我们的思想变得混乱和容易出

① 维特根斯坦：《逻辑哲学论》，贺绍甲译，商务印书馆2005年版，第23页。

② 维特根斯坦：《逻辑哲学论》，贺绍甲译，商务印书馆2005年版，第23页。

③ 全增嘏：《罗素和维特根斯坦的"逻辑分析"方法》，载《复旦大学学报（哲学社会科学）》1963年第1期。

④ 韩林合：《〈逻辑哲学论〉研究》，商务印书馆2007年版，第427页。

错。因此,需要由一种改进的语言来取代日常语言。这种语言用精确的表达方式第一次清楚地表达我们的真正知识。与弗雷格和罗素相反,维特根斯坦在《逻辑哲学论》中坚信日常语言与日常思想是完全合乎逻辑条理的。在这个问题上他从来没有改变过自己的看法。①

四、逻辑原子主义

在维特根斯坦的一生中,罗素是一个非常特殊的人物。他是维特根斯坦的老师,并且始终为结识维特根斯坦而庆幸。他在自己的著作中不止一次地向维特根斯坦致谢。他说:"结识维特根斯坦是我一生中最激动人心的思想遭遇之一。"②他在自传中写道:"我一读头一句话,就相信他是一个天才人物。"③有的学者认为他们之间的情投意合之处就在于信仰逻辑原子主义,并且都是它的创始人。④ 也有的学者认为是维特根斯坦先提出这一思想,后由罗素的推广而发扬光大。在《逻辑原子主义哲学》中,罗素承认他的讲稿在很大程度上受到维特根斯坦的启发。在1918年的演讲中,他首先使用"逻辑原子主义"这个名字来概括他的哲学。尽管罗素后来又指出,多谈这一方面是不值得的,因为维特根斯坦的1914年的学说尚处在一个不成熟的阶段。但是,这仍然不能否认罗素的这一思想主要来源于同维特根斯坦的交流,至少在当时没有超出后者的思想界限。

在《逻辑哲学论》中,逻辑原子主义思想贯穿始终。围绕本书的主题,我们将主要探讨维特根斯坦如何在语言上应用它。原子命题,又称基本命题。维特根斯坦在《逻辑哲学论》中采用了后者,而在《关于逻辑形式的几点意见》(1929)一文中则用前者。而罗素一直使用"原子命题"这一表达。但从逻辑原子主义观点来看,两种说法是一样的,因为那种命题既是原子的又是基本的。

---

① 贝克尔、海克尔:《罗素与维特根斯坦:两种不同的哲学观》,载《哲学译丛》1990年第1期。
② 江怡:《维特根斯坦传》,河北人民出版社1998年版,第50页。
③ 罗素:《罗素自传》第2卷,陈启伟译,商务印书馆2002年版,第146页。
④ 舒炜光:《维特根斯坦哲学述评》,北京三联书店1982年版,第66页。

维特根斯坦利用数理逻辑分析普遍语言，认为一切命题包括了原子命题和由它组成的分子命题。分子命题是原子命题的真值函项；原子命题是分子命题的真值理据。他认为，命题是基本命题的真值函项……所有命题都是基本命题的真值运算结果……命题的总体即是语言。[①]不是所有的命题都具有意义，只有在有意义的命题中思想才得以表现。思想是事实的逻辑图式。在这个图式中，命题的逻辑关系与事实的逻辑关系完全一致。命题作为一种逻辑图像，它与事实的关系是投影与被投影的关系，即词在命题中的联结方式对应着对象在事实中的联结方式。对此，维特根斯坦说："基本命题由名称组成。它是名称的一种关联，一种联结……每一个关于复合物的陈述可以分解为关于其各组成部分的陈述，分解为完全地描述该复合物的一些命题。"[②]

罗素认为是事实赋予命题真值，也就是命题是否有意义是由事实决定的。而维特根斯坦却持相反的观点。他认为，"最简单的命题，即基本命题，断言一个事态的存在……若一个基本命题为真，事态就存在；若一个基本命题为假，事态就不存在……如果我们根据纯粹逻辑的理由知道必须有基本命题，那么凡是理解具有未分析形式的命题的人也必定知道这一点"[③]。这就是说，在原子事实与基本命题的关系中，不是由原子事实的存在推导出基本命题的存在，而是基本命题断言事实的存在。因为命题体系中存在基本命题，所以在世界体系中必须存在原子事实。命题体系的逻辑结构决定了世界体系的逻辑结构。简单的对象以一定方式结合起来构成原子事实，就像原子命题是简单的符号以一定的方式结合起来一样。维特根斯坦强调认识论的任务就是找出原子命题，并解构它们是如何由词或符号构造的。

但是，逻辑原子主义面临很多问题。随着时间的推移，罗素和维特根

① 维特根斯坦：《逻辑哲学论》，贺绍甲译，商务印书馆 2005 年版，第 41、62、69 页。

② 维特根斯坦：《逻辑哲学论》，贺绍甲译，商务印书馆 2005 年版，第 27、54 页。

③ 维特根斯坦：《逻辑哲学论》，贺绍甲译，商务印书馆 2005 年版，第 54、56、85 页。

斯坦也都意识到这一点。无法给"原子命题"一个明确的概念成了逻辑原子主义的致命伤。罗素在为此辩护时含糊其词,并有些理屈词穷,但是他始终不肯放弃自己的观点。"原子命题"概念的困惑使维特根斯坦的思想稍有动摇,他在《关于逻辑形式的几点意见》中,将原子命题看作一种逻辑必然性的要求,是知识的某种界限。他将此表述为诸词项的穷极联系。这时,维特根斯坦认为自己已经从根本上解决了哲学问题,但由于对原子命题的攻击而产生的新问题,迫使他重新审视《逻辑哲学论》。这也是维特根斯坦思想转变的原因之一。

五、簇摹状词理论

维特根斯坦关于专名的想法和罗素相去不远。维特根斯坦基本上接受罗素有关专名与摹状词的思想,认为专名是不可分的。他说:"名称不可用定义来做任何进一步的分析,名称是一种初始记号。"①

另外,与罗素相似,前期维特根斯坦也认为名称是缩略的或伪装的摹状词。在罗素看来,像"苏格拉底"等都不是专名。它们都不是亲知的对象,都可以分析为一种缩略的或伪装的摹状词。如果把它们视为专名就会导致哲学或逻辑上的谬误。维特根斯坦也有过相似的表述,"全部哲学都是一种'语言批判'(当然不是在毛特纳的意义上的批判)。罗素的功绩在于指明了一个命题表面的逻辑形式不一定就是它真正的逻辑形式"②。这明确地反映出维特根斯坦对摹状词理论的认同。罗素提出摹状词理论的目的是表明日常语言表面的逻辑形式未必是它真正的逻辑形式。例如"孙悟空存在",把"孙悟空"看作专名就出现了弗雷格所说的金山问题,而将"孙悟空"视作摹状词就能够解决这个问题。因此,维特根斯坦指出,哲学家的大多数的问题都是由于误解我们的语言而产生的。由于日常语言像衣服一样掩盖思想——语言的逻辑,所以就引起纷繁复杂的哲学误解和混

① 维特根斯坦:《逻辑哲学论》,贺绍甲译,商务印书馆2005年版,第34页。
② 维特根斯坦:《逻辑哲学论》,贺绍甲译,商务印书馆2005年版,第42页。

淆，进而导致各种无意义的命题的产生——胡说。因此，他认为“语言的界限也就是世界的界限”①。此外，维特根斯坦把摹状词的描述功能推及至整个语言。他认为语言只能描述、表述真实的事态，也就是说语言只能描述、表述那些实际的或逻辑上可能的事态。在逻辑不能发挥作用的范围内语言是无能为力的，所以我们必须选择沉默。

与此相关，后期维特根斯坦修正和发展罗素的摹状词，提出他的“簇摹状词理论”（cluster theory）。维特根斯坦认为我们不能用一个限定摹状词去替换名称，真正与名称发生联系的应该是一簇或一组摹状词。“在他看来，虽然一个名称不是一个缩略的摹状词，但它或者缩略了一簇摹状词，或者它的指称是由一簇摹状词决定的。对于这个观点，维特根斯坦还有一种较强的表达式：名称只是被同义地定义为一簇摹状词，说名称的对象在这簇摹状词中有什么独特的特性，这不是必然的，而说它具有这一些或另一些特性，则是必然的。他没有做其中任何事情那样非真实的情况，则是不可能的。”②《哲学研究》第79节经常被引用作为这一观点的证据。维特根斯坦的簇摹状词理论得到塞尔的支持，后来又经由丘奇和斯特劳森等人的阐释和发展，成为意义理论和命名理论的重要派别。③ 这个派别对语言哲学的发展产生了很大影响。

第四节　后期维特根斯坦

如果《逻辑哲学论》是一首完美的交响乐，那么“语言批判”就是这首乐曲的主旋律，通过它，我们能够更好地欣赏并理解前期维特根斯坦的华彩乐章。如果《逻辑哲学论》是一座宏伟的桥梁，那么“语言批判”就是它的拱心石，通过它，我们可以托起前期维特根斯坦思想的整座桥梁。如果《逻辑

① 维特根斯坦：《逻辑哲学论》，贺绍甲译，商务印书馆2005年版，第85页。

② 涂纪亮：《维特根斯坦后期哲学思想研究》，江苏人民出版社2005年版，第62页。

③ 陈晓平：《簇摹状词与开放集合》，载《自然辩证法通讯》2001年第5期。

哲学论》是宏伟的喜马拉雅山脉，那么“语言批判”就是它的珠穆朗玛峰，通过它，我们可以一览前期维特根斯坦思想的全部高峰。如果我们把握了语言批判理论形成的全部过程，那么也就能够彻底了解这一理论，进而通晓前期维特根斯坦的全部思想。因为它是维特根斯坦思想的核心，是我们打开这位巨人思想宝库的钥匙。我们通过对康德、毛特纳、弗雷格和罗素相关思想的分析，勾勒出一幅前期维特根斯坦语言批判理论形成过程的草图。当然，这并不是说其他人对这一理论的形成没有影响。实际上，很多人都对维特根斯坦产生过重要影响，例如叔本华、克尔凯郭尔和托尔斯泰等。限于篇幅，我们没有展开对他们的研究，但是，这将成为我们后续研究的重要内容。

一、语言游戏思想

维特根斯坦的研究涉及很多学科，不仅使哲学发生翻天覆地的变化，还促进了语言哲学的发展。他的后期理论更是语用学这一学科的思想来源。P. M. S. 海克尔指出：“维特根斯坦才是第一个语言哲学家，因为他指出‘一切哲学都是对语言的批判’。”研究维特根斯坦的思想可以揭示其语言哲学思想的产生过程，进而将语用学思想的源头再向前推进一步。

1929 年，维特根斯坦重返剑桥，并于 1939 年接替摩尔成为哲学教授。学界通常认为，重返剑桥标志着后期维特根斯坦思想的开端，其后期的主要代表作是未能在其生前面世的《哲学研究》。

后期维特根斯坦的语言哲学思想主要体现为三个概念：语言游戏、生活形式和家族相似性。其中，语言游戏说在他的后期著作中反复出现 20 年。他的很多思想都是由“语言游戏”这个概念发展而来。很多知名学者都对语言游戏有过深入的探讨，如冯·赖特、马尔康姆及彼德·哈克等。他们从各自的领域出发解读语言游戏说，遗憾的是，这些探讨都主要集中于哲学领域内，很少涉猎语言学界。需要指出，后期维特根斯坦的思想是日常语言学派得以生成和发展的根基。语用学的诞生就完全依赖于后期维特根斯坦“语言游戏”的观点。

(一)语言游戏

维特根斯坦最早在《蓝皮书》中提出语言游戏的概念,用于指孩子借以开始使用字词的语言形式。他本人这样描述语言游戏,“我以后还要反复让你注意我称之为语言游戏的那种东西。与我们在极其复杂的日常语言中依据于使用符号的那种程序相比,这是一种比较简单的使用符号的程序。语言游戏是儿童开始使用字词的一种语言形式。对语言游戏的研究是对原始语言形式或者原始语言的研究”①。维特根斯坦为我们提供了实例性的佐证:

> 下达命令,以及服从命令——
>
> 按照一个对象的外观来描述它,或按照它的量度来描述它——
>
> 根据描述(绘画)构造一个对象——
>
> 报道一个事件——
>
> 对这个事件的经过做出推测——
>
> 提出及检验一种假设——
>
> 用图表表示一个实验的结果——
>
> 编故事;读故事——
>
> 演戏——
>
> 唱歌——
>
> 猜谜——
>
> 编笑话;讲笑话——
>
> 解一道应用算术题——
>
> 把一种语言翻译成另一种语言——
>
> 请求、感谢、谩骂、问候、祈祷。②

① 维特根斯坦:《维特根斯坦全集》第6卷,涂纪亮译,河北教育出版社2003年版,第23~24页。

② 维特根斯坦:《哲学研究》,陈嘉映译,上海人民出版社2005年版,第15页。

后期维特根斯坦是反本质主义者,因此他后期思想中的很多重要术语都没有明确的概念,如家族相似性、生活形式和语言游戏等。从维特根斯坦上面给出的例子可以看出,人类生活处处都是语言游戏。建筑工人喊“方石”,其他人就会递给他方石;父母用手指指着石头,孩子就说“石头”;猜拳的人会边用手比画边说“石头、剪刀、布”。这些在维特根斯坦看来都是语言游戏。可是,不同的语言游戏有相似之处,但又很难在所有语言游戏之间找到共同点。这就是家族相似性(family resemblance)。但是,学者们还是不断立志于语言游戏特点的归纳研究。江怡认为,语言游戏无须证明、无须反思,具有自主性、非推论性、多样性、规则性、变易性和无本质等相似性。① 涂纪亮认为语言游戏具有多样性和目的性。事实上,学者们总结出的特点都是根据维特根斯坦对语言游戏的描述。

维特根斯坦提出语言游戏的概念旨在突出语言使用对于语言意义的重要性,认为语言的意义在于使用,只有使用中的语言才是有意义的。这也是他自己对前期静态意义观的颠覆。前期维特根斯坦认为语言是世界的图像,意义掩藏在语言符号的外衣下。后期维特根斯坦回归到粗糙的地面,认为日常语言可以恰当地表达说话人的意图,意义即使用。一个语词的语义就在于它的用法。这种思想不仅启蒙了日常语言哲学派,同时也是言语行为理论的基础。

此外,维特根斯坦也在一定意义上继承了自己的前期思想,比如对语境的关注与思考。前期维特根斯坦受到弗雷格语境原则的启发,强调语词和短语要依赖于命题之间的关联。后期维特根斯坦进一步发展自己对弗雷格语境原则的理解,认为意义就存在于使用中,而使用不能脱离语境。广义地说,后期维特根斯坦笔下的语境就是他所提出的生活形式(life form)。

总而言之,语言游戏思想是后期维特根斯坦思想的核心,是家族相似性、生活形式、规则和使用等重要概念相互联系的基础。

---

① 江怡:《维特根斯坦》,湖南教育出版社 1999 年版,第 313 页。

（二）话语互动的语言游戏本质

维特根斯坦的语言游戏思想在哲学、心理学和语言学等众多领域中都具有重要的影响。在有关语言研究方面，外语教学、二语习得、体裁分析和话语分析等分支也从语言游戏思想中吸取了很多营养。从话语分析的角度入手，立足话语互动研究，语言游戏的规则性、目的性、动态性和多样性4条基本原则也为话语互动研究提供了基本框架。

话语互动是交际双方目的协商的过程，表现方式为引发语与应答语的交替往来。作为一种社会性行为，话语互动能够正常开展的基础是双方默认遵守一些共同的规则，犹如维特根斯坦所说的“下象棋”和“踢足球”的例子一样。比如在下中国象棋时，双方一定要共同遵守“马走日、象走田、小卒一去不回还”等规则，这样游戏才能继续，否则，游戏无法正常开展。在话语互动中也是如此。首先，双方要讲对方能够听懂的语言，否则交际不存在可以开展的基础。比如一个只会说英语的人和一个只能听懂汉语的人就无法进行言语交际，只能通过肢体语言等方式交流。其次，在讲同一种语言的基础上，双方的交际被默认遵守“合作原则”，这样交际才能继续。否则，你说你的，我说我的，鸡同鸭讲，交际就不可能实现。例如在一场主题为“维特根斯坦的语言哲学思想研究”的研讨会中，所有的发言人都被预设为发言内容与维特根斯坦的语言哲学思想有关。如果一个人在会议上发表一场关于“某手机获得德国设计金奖”的演说就显然与主题关联不大。这样讨论和互动都将很难开展，交际失败的可能性大大提升。

说到底，话语互动既是交际双方目的协商的过程，也是交际目的与话语规则的博弈过程。权力、身份、角色、立场、目的和规则是近年来话语分析领域最常用的几个切入角度。这些维度或是因素之间的关系却很难说清楚。因此，近年来学界产生了很多从各个角度研究同一话语类型的成果。以庭审话语为例，目前有学者分别从语用距离、权力、角色和目的关系等角度进行研究，成果颇丰。当然，百花齐放的研究成果有利于学术研究的进步与发展。但是，从理论探究的角度，我们有必要思考这几个要素之间的内在关系。第一,身份与角色具有时间上的对立性。身份是相对长期的,而角色是相对暂时的。身份是社会语境中的因素,而角色是情景语境中的因素。第二,权力是身份的附属品。说话人的身份赋予说话人相应的权力,权力是身份的附属品、衍生物,同时又受到规则的制约。在我们看来,无论说话人的社会身份如何、在情景语境中扮演的角色如何或者在发话时的立场如何,说话人的一切行为都是为自身的交际目的服务的。身份、角色、立场和规则都可能影响说话人的目的。因此,目的性作为人类理性行为的根本属性,也是话语互动的根本属性之一。

"交际者的社会身份具有多重性,然而,特定场景交际环境下交际者从若干身份中选择甚至新建某个特定的身份进行交际是一个语用过程,通过特定的话语方式加以建构具有目的性和动态性。交际过程中交际者做出不同的身份选择和建构会对交际产生不同的影响。"[①]话语互动的过程是交际双方不断做出话语选择的过程。说话人根据自己的交际目的和语境对话语资源进行选择而建构自己的话语,而他的话语又会进入语境,成为对方进行话语选择的背景。如此循环往复,语境和话语资源是不断动态变化的,因此话语选择的对象和结果也是不断动态变化的。同时,这种动态性在目的性的作用下又表现出语言选择结果的多样性。

综上所述,话语互动是复杂的言语作用过程。作为人类重要的社会性活动,话语互动涉及的因素很多,因此在分析时很难明晰各种关系。本书从维特根斯坦的语言游戏思想中吸取营养,从目的性入手,展现目的导向下话语选择的动态性、多样性和规则性,尝试将话语互动的本质归结为交际双方的目的协商过程。这个过程就是双方用语言进行的一场游戏。

二、对前人思想的借鉴

从表面上看,"语言批判"这个术语在《逻辑哲学论》中只出现过一次。事实上,语言批判理论作为维特根斯坦思想的核心却贯穿整本书的始终。

① 陈新仁:《语用身份:动态选择与话语建构》,载《外语研究》2013 年第 4 期。

在维特根斯坦看来,语言标示世界界限的同时,也限制人的世界,是沟通人与世界之间的桥梁。维特根斯坦思想的博大精深源自对前人的批判与继承。这突出表现为他将语言视为哲学关注的核心,并且将语言提高到本体的高度。这一观点作为语言批判的基石贯穿前、后期维特根斯坦思想的始终。最后,我们就“语言批判”思想的借鉴意义进行引申,希望可以为相关学科的发展提供参考。

(一)站在巨人的肩膀上

牛顿说:“如果我比别人看得更远,那是因为我站在巨人的肩膀上。”维特根斯坦也不例外。如果没有前人的成果,一切都要从零开始,我们也就无法了解他的哲学观。

康德是一位划时代的大哲学家,通过解决休谟难题挽救了岌岌可危的现代哲学。他开创批判哲学,启迪人们的批判意识,并且通过论证人的有限性,为人类追求全称命题的美梦敲响警钟。在追求永恒和永真的哲学史上,他采用以退为进的方法开启崭新的一页。他在对人类自身理性的不断拷问中寻找哲学的出路。他认为只有为纯粹理性划定界限才能使信仰成为可能。维特根斯坦继承了康德的这种划界思想,认为应该为人类的思想划定界限。但他更清楚地认识到,我们实际上无法为思想,也就是人类的逻辑划界。如果能为逻辑划界,那就说明我们可以非逻辑地思考,显然这是不可能的。在这个问题上,维特根斯坦含蓄地指出康德的不足,更进一步将理性这种看不见、摸不到的东西转化为语言——伴随着人类始终的一个伙伴。更准确地说,他是为思想的表达划定界限。语言的界限就是世界的界限,也就是逻辑的界限。维特根斯坦清楚地区分了可言说的和不可言说的,认为对于不可言说的部分我们就应该保持沉默,而对于可言说的部分我们就应该把它说清楚。这也是肯定人的有限性的表现。在区分可言说与不可言说之后,任务就是如何将可言说的说清楚。康德运用图型说将人类头脑中知性的概念与现实世界中感性的物自体对应起来。但是这两者却没有任何共性,需要图型这个第三者来连接。维特根斯坦借用了这个引入第三者的方法,用图像论将逻辑与世界对应起来。他认为逻辑与世界同构,而这又都在语言中表现出来。所以我们只要能清楚地分析语言,就能认清我们的世界、我们的逻辑。由此可见,前期维特根斯坦思想的框架与康德十分相似,这主要归结于前者对后者在方法上的继承。

毛特纳在哲学史上似乎是一个被遗忘的人物,国内学者对他的研究可谓凤毛麟角。他喜欢写鸿篇巨制,作品经常是三四卷的大部头,《语言批判论稿》就是其中之一。“一切哲学都是语言批判”的著名论断就来源于这部巨著。而毛特纳也仅仅是因为维特根斯坦的提及才为我们所知晓。事实上,毛特纳是一个被忽略的当代语言哲学的先驱。[①] 他继承了休谟彻底的怀疑主义传统,持有彻底抛弃语言的观点。他认为语言完全不能表达人类的思想,我们必须保持绝对的沉默。他激烈批判那些对和平与宁静的渴望态度,认为这就像渴望死亡一样。同时,语言与思想(thought)有自杀的倾向,这是当任何人谈及他的时候都必须提及的。语言分析学者们的不停找寻和自我批判也不能得到完全的宁静。因此,毛特纳只期待在死亡中获得终极的解放。[②] 悲观的认识论也许正是维特根斯坦反对毛特纳的原因之一。维特根斯坦反对他不负责任的完全否定,认为日常语言在逻辑上是完美的,只不过语言掩盖了思想,犹如我们不能根据衣服的外形来推出它所遮盖的思想的形式一样。维特根斯坦认为,日常语言完全适合人们的日常应用。只不过在对语言有特殊要求的人看来,它显得不够精确,例如哲学家或语言学家。但是,我们不能因此完全否定语言。为指明语言模糊性带来的问题,维特根斯坦通过《逻辑哲学论》告诉人们,“哲学不是一种理论体系,而是一种活动,一种澄清自然科学的命题和揭露形而上学之为无意义的活动”[③]。显然,他的目的是指出所有哲学问题其实都是伪问题,都是哲

---

① Cloeren H J, *Language and thought*: *German Approaches to Analytic Philosophy in the* 18*th and* 19*th Centuries*, Berlin: Walter de Gruyter, 1988, p. 237.

② Cloeren H J, *Language and thought*: *German Approaches to Analytic Philosophy in the* 18*th and* 19*th Centuries*, Berlin: Walter de Gruyter, 1988, p. 217.

③ 艾耶尔:《二十世纪哲学》,李步楼、俞宣孟、苑利均等译,上海译文出版社 2005 年版,第 129 页。

学家对语言的误解。为解决哲学问题和了解人、世界及二者之间的关系，就必须从语言入手。这也是必须进行语言批判的根本原因。可见，维特根斯坦虽然明确指出自己的语言批判不同于毛特纳，但是他的理论却是对毛特纳的批判与继承。

既然已经发现问题的根源在于对日常语言的误解，那么接下来的问题就是如何解决它。如何清晰地展示语言怎样使我们产生误解和混淆，问题到底出在哪里。于是，维特根斯坦继承弗雷格对形式语言的追求，力求以此来展现问题的根源，并弥补日常语言在这方面的缺陷。这也是前期维特根斯坦追求形式语言的初衷。他接受弗雷格对于日常语言"非一义性"的不满，并且认为语言限制逻辑、扰乱逻辑。语言已经不仅仅是表达思想的工具，而是介于逻辑与世界之间的媒介——一个特殊的在者(being)。对于概念文字与日常语言的关系，维特根斯坦与弗雷格的看法比较接近，认为它们各自的适用范围不同。通过细化弗雷格的这一思想，维特根斯坦得出自己的语境原则，强调只有在命题内部的前后关系中名称才有意义。这也为后期维特根斯坦关于"意义即使用"的思想埋下了种子。而维特根斯坦本人对弗雷格的肯定也在《逻辑哲学论》中有所体现。无论是前言中的致谢，还是文中对他名字的多次提及，我们都可以看出维特根斯坦对弗雷格的敬意。

与弗雷格相比，维特根斯坦和罗素的关系则有些复杂。这当然与维特根斯坦倔强、偏激的性格有关。但也正是这种性格造就了他超凡脱俗的哲学。与此前的三位哲学家不同，维特根斯坦与罗素之间可谓相互影响。有时，甚至是维特根斯坦的思想影响了罗素，比如逻辑原子主义。从整体上看，《逻辑哲学论》通篇采用的逻辑分析方法来源于罗素。这也是将维特根斯坦划分为分析哲学家的一个重要原因。他从将世界分解为事实开始，直到分解为原子事实为终点。相应地，语言也被最终分解为不可再分的原子命题。在运用逻辑分析方法的同时，他清晰地表达了逻辑原子主义的宗旨。在具体的指称问题上，维特根斯坦吸收罗素的摹状词理论，并加入自己的理解。虽然因《逻辑哲学论》的序言问题，两者的关系开始恶化，但是他们思想之间的纽带关系却是形成于成书之前。这是任何人都无法改变的事实。

维特根斯坦的思想并不是无源之水,无本之木。他思想的深刻与他对前人思想的吸收与借鉴、批判与反思是分不开的。正如涂纪亮所说,"尽管维特根斯坦在《逻辑哲学论》中以及后来在《哲学研究》中都对弗雷格和罗素的某些观点提出异议,甚至提出尖锐的批评,但是这些异议和批评并不能否定弗雷格和罗素对维特根斯坦早期思想的影响,因为一个人接受另一个人的影响,这并不限于赞同或者接受另一个人的观点,而且包括在另一个人的观点的启发下提出新的观点,甚至提出与另一个人的观点截然相反的观点"①。对于康德和毛特纳也是一样的。由此可见,在肯定前期维特根斯坦思想伟大的同时,我们要注意他思想的形成过程。他站在巨人的肩膀上,吸收哲学巨匠们的理论精华,并且加入自己的思考。更为重要的是,他如何将他山之玉为自己所用。

(二)语言在哲学中的本体地位

回首两千多年的西方哲学史,研究的核心始终都是 logos 或 being。三个阶段所不同的只是切入角度。本体论阶段是研究本体的在与是,认识论阶段是从人类认知能力和方式切入,而到了语言论阶段只是从语言切入。尽管切入角度发生变化,但目的还是解决本体如何在与是的问题。只是在语言哲学家看来,语言问题太重要了,不理解语言就无从理解本体,语言俨然成了本体。②

语言对人类的重要程度是不言而喻的。"语言是人类和其他动物分道扬镳的最后的、最重要的标志。"③甚至可以说,语言与人血肉相连。④ 哲学家关注语言始于古希腊时期的亚里士多德,后来又受到穆勒和列宁发展的

---

① 涂纪亮:《维特根斯坦后期哲学思想研究》,江苏人民出版社 2005 年版,第 379 页。

② 潘文国:《从哲学研究的语言转向到语言研究的哲学转向》,载《外语学刊》2008 年第 2 期。

③ 伍铁平:《普通语言学概要》第二版,高等教育出版社 2006 年版,第 5 页。

④ 李洪儒:《现代欧洲大陆语言哲学研究——站在流派的交叉点上》,黑龙江大学博士后研究工作报告 2008 年,第 121 页。

语言工具论影响。在其他的哲学研究中也时常可以看见语言的身影，但都是支离破碎的，缺乏系统性。弗雷格强调语言对于哲学的重要性，但只是研究了指称方面的部分问题。罗素和摩尔把一切哲学问题都归于语言问题，但都没有给语言一个系统性的地位。维特根斯坦则是把思想的界限划在了语言的范围内。他历史性地将语言提高到哲学的核心地位，将一切哲学问题都归于对语言的误解，由此引出他的语言批判理论。他在《逻辑哲学论》中写道：

人有能力构造语言，可以用它表达任何意义，而无须想到每一个词怎样具有指谓和指谓的是什么。——就像人们说话时我无须知道每个声音是怎样发生的一样。

日常语言是人的机体的一部分，而且也像机体那样复杂。

人不可能直接从日常语言中懂得语言逻辑。

语言掩饰着思想。而且达到这种程度，就像不能根据衣服的外形来推出它所遮盖的思想的形式一样；因为衣服外形的设计不是为了揭示身体的形状，而是为了全然不同的目的。

理解日常语言所要依赖的种种默契是极其复杂的。[①]

“人有能力构造语言”和“日常语言是人的机体的一部分”都肯定了语言与人密不可分的关系。与赫尔德(Herder J G)“语词拥有人”的观点相反，维特根斯坦承认人拥有语言并具有使用语言的能力。这种能力的复杂是我们难以描述的。但是在现实生活中，人们就是在用这种语言沟通。既然语言与思想不能完全一致，就说明语言不仅仅是思想的载体。除思想外，语言还承载着属于自身的东西。研究语言究竟与思想有怎样的不同，为什么会有这样的不同，就成了哲学家的首要任务。维特根斯坦认为，以往的哲学家的问题都是因为没有搞清我们语言的逻辑，而且他们只从语言的表面出发，直到罗素指出“一个命题表面的逻辑形式不一定就是它真正的逻辑形式”才有所变化。这就将所有的哲学问题都归于语言，语言也就

① 维特根斯坦：《逻辑哲学论》，贺绍甲译，商务印书馆2005年版，第41页。

成为通向真理的必经之路。只有搞清楚语言是什么,我们才能进一步追问世界是什么。

维特根斯坦通过语言批判理论确立了语言在哲学中的核心地位。这也是西方哲学语言转向中至关重要的一步。随着维也纳学派的兴盛和逻辑经验主义的发展,语言研究已经成为哲学研究的代名词。[①] 笔者认为,语言转向的根本之处在于凸显语言的本体性地位。语言不仅是我们认识世界的手段,也是我们认识的目的。这种手段与目的的一致,表明语言决定我们对世界的认识。我们只能在语言的范围内完成对世界的认识。也正是在这个意义上,语言的本体性特征才逐渐地显现出来。因此,维特根斯坦说:"我的语言的界限意味着我的世界的界限。"[②]

三、前后期思想的一致性

维特根斯坦的卓尔不群和超凡脱俗使他成为一个哲学奇才。哲学家一生能提出一种为世人皆知的理论实属不易,但是他却提出两种截然相反的理论。学者们通常都极力维护自己的理论,而他却反躬自问并自以为非。正是他的这种与众不同,使得学者们更多地强调他前后期思想的差异,忽略在他的思想中从未改变的核心——语言批判。

(一)思想的一致性——关注语言

维特根斯坦的思想虽然前后期存在较大的差别,但实际上是密切联系的,而且从根本上来说是前后一致的。[③] 维特根斯坦无论在其前期还是后期,他所关心的问题始终是哲学根本问题,他的目的都是要取消哲学问题,或者准确地说至少要取消由形而上学方式产生的那些哲学问题。[④] 如何消

---

① 李洪儒:《现代欧洲大陆语言哲学研究——站在流派的交叉点上》,黑龙江大学博士后研究工作报告2008年,第5页。

② 维特根斯坦:《逻辑哲学论》,贺绍甲译,商务印书馆2005年版,第85页。

③ 徐为民:《维特根斯坦论语言的否定性原则——兼论私人语言的不可能性》,载《自然辩证法通讯》2002年第1期。

④ 汪帆:《维特根斯坦思想的一致性》,载《北京机械工业学院学报》2003年第3期。

解这些问题？这里没有顿悟，也没有捷径，有的只是对语言的不断追问和反思。《逻辑哲学论》中形而上学被形式语言消解，在《哲学研究》中又被日常语言所消解。

从表面上看，维特根斯坦的前后期思想确实有很大不同。后期更多地将前期思想作为传统哲学的代表进行批判。但应该指出，这种批判并不意味着他的前后两种哲学是完全对立的。更多的时候，这种表面的不同掩盖了他思想内在的一致。事实上，无论是关注的核心问题还是表达思想的方式，都体现出两种哲学之间的家族相似性。

首先，前后期思想关注的核心都是对思想的语言表达，都摒弃传统哲学所讨论的思想本身，尽管两者对语言的认识各不相同。前期从关注日常语言的不足出发，期望通过构建形式语言来弥补。后期“回到粗糙的地面”后，放弃对形式语言的奢求，力求通过日常语言的反思来解决上述问题。在这个意义上，维特根斯坦的两种哲学都是对语言的批判。前期主要是批判人们一直坚信的语言本质，澄清人们由于误解语言本质而提出的哲学命题；后期则是对前期语言观的反思，治疗人们由于误用语言而产生的理智疾病。由此可见，维特根斯坦始终如一地将哲学问题归为语言问题，坚持哲学就是语言批判。

其次，无论是前期还是后期，维特根斯坦都彻底否定哲学是一种理论体系的传统观点，而把哲学看作是一种活动。前期认为哲学是一种澄清命题意义的活动，而后期认为哲学是一种显示语言意义自身的活动。尽管这两种活动有所不同，但都是坚持语言批判的路线。无论是对意义的澄清，还是对实际用法的关注，维特根斯坦始终坚信语言是解决哲学问题的根本，而哲学就是一种批判语言的活动。

再次，在对哲学问题的处理上，维特根斯坦在前后期也有相近之处。他从未承认存在真正的哲学问题，认为所谓的哲学问题都是误解语言和使用不当的产物。因此，解决这些问题的方法不是回答问题，而是通过语言分析而最终消解它们。由此表明，问题的出现是不合理的或是违反语言正确使用的结果。这就再一次坚持“全部哲学都是一种‘语言批判’”的思想。

尽管我们承认前后期维特根斯坦的思想差别较大，但是毕竟是他一个人的理论。以上三点从一定的意义上表明，维特根斯坦的思想确实存在着一定的连贯性。甚至在对语言的关注、哲学问题的根源等问题上，前后期的观点是一致的。江怡曾经有过这样的评述，“在这种意义上，他的后期哲学并不能完全看作是对他前期的彻底抛弃或截然对立，而应看作是一种视角的转换，即从考察理想的逻辑的语言转向研究日常的实际的语言，从关心语言的描述转向关心语言的使用等等”①。无论是追求完美的理想语言，还是肯定“粗糙的”日常语言，都表明维特根斯坦已经把哲学研究转化为语言批判。

（二）后期的深刻源于前期的成就

维特根斯坦自己在《哲学研究》的序言中写道：“只有与我旧时的思想方式相对照并以它作为背景，我的新思想才能得到正当的理解。”②辛提卡（Hintikka）夫妇在谈到维特根斯坦前后期思想的转变时说：“他的这一变化并不是由于他的兴趣由语言与世界的关系转向言语与行为的关系，而是由于他更为充分地意识到语言与世界之间的对应问题。”③可见，后期维特根斯坦的思想与前期思想不是截然相反，而是紧密相连。

首先，前期的核心问题——意义问题，是后期的理论出发点。前期维特根斯坦关心的问题就是命题和词的意义是什么。他尝试通过对形式语言的分析来澄清意义的问题，而最后却发现无法解决原子命题的问题。原子命题在现实世界中找不到对应物，就成了逻辑图像论的致命弱点。转变中的维特根斯坦吸收詹姆士的实用主义观点，认为命题不一定与现实世界相对应。句子、假说是同事实相联系的，这种联系多少有点松散。在极端的例子中，联系不复存在，事实可以恣意孤行而不与句子发生冲突，那么句

① 江怡：《维特根斯坦传》，湖南教育出版社 1999 年版，第 191 页。

② 维特根斯坦：《哲学研究》，陈嘉映译，上海人民出版社 2001 年版，序第 2 页。

③ 江怡：《维特根斯坦：一种后哲学的文化》，社会科学文献出版社 1996 年版，第 21 页。

子、假说也就失去了意义![1]后期维特根斯坦反思这种前期对意义的解释观,认为意义的问题应该通过描述的方法来解决。意义就在于语言的使用。他要做的就是对语言的用法进行描述,以此展现给人们看。而思考语言的使用就不得不考虑到"语言游戏"和"生活形式"等因素。后期维特根斯坦思想的主要路线可以概括为"从语言游戏出发,通过使用和规则,使人们融入生活形式。而贯串这条主线始终的正是语言"[2]。可见,它们是不可分割的。可见,在后期维特根斯坦的思想中,语言仍是介于人与世界之间的桥梁,人就是通过对语言的使用来认识世界。维特根斯坦关心意义问题的目的还是解决语言、世界与人之间的相互关系。

其次,与前人之间的关系。前期维特根斯坦接受前人的思想,例如弗雷格,也反对某些人的观点,又如毛特纳。而这些哲学家对维特根斯坦的影响在后期仍清晰可见,只不过有些观点与前期恰恰相反。王路在谈维特根斯坦前后期思想的转变时认为,"在弗雷格的影响下形成了早期维特根斯坦,而脱离了弗雷格的影响,形成了晚期维特根斯坦"[3]。笔者认为这种影响也并非绝对,因为在《哲学研究》中同样存在弗雷格的语境原则思想。前期维特根斯坦刻意强调自己的语言批判与毛特纳的不同,而后期维特根斯坦在某种程度上则是对毛特纳思想的回归。语言无本质、意义即使用、语言游戏等后期观点都与毛特纳很相似。

后期维特根斯坦的思想深刻是因为前期在相反的方向上走得太远。正是因为对前期的"错误"的深刻认识,使他充分地意识到问题所在,以及该如何解决。所以,他后期的思想具有极强的针对性,从相反的方向对前期探讨过的问题进行反思,目的仍然是解决相同的问题。显然,这种后期对前期的修正也是一致性的一种表现,这种修正恰恰体现了维特根斯坦对

① 维特根斯坦:《维特根斯坦全集》第3卷,丁冬红等译,河北教育出版社2003年版,第274页。

② 刘辉:《索绪尔与后期维特根斯坦:继承与超越——后期维特根斯坦语言哲学思想系列研究之一》,载《外语学刊》2009年第3期。

③ 王路:《弗雷格和维特根斯坦:一个常常被忽略的问题》,载《开放时代》2001年第3期。

自己追求的坚持。

四、对语言哲学发展的推动

语言哲学是以语言为对象，通过对语言的分析和解释来揭示人和人的世界的科学。[①] 这就是说，语言哲学家的工作是通过对语言的分析和解释，来揭示以语言为存在方式的人及人的世界。维特根斯坦是哲学语言转向中的关键人物，甚至可以说整个语言转向就发生在他的思想当中。前期的思想标志着语言转向的真正开始，后期思想完成了这种转向。作为这样一个特殊人物，他的思想在语言哲学的发展历程中当然有着重要的意义。同时，他的思想对未来语言哲学的发展同样具有重要的研究和借鉴价值。

前文已经梳理前期维特根斯坦语言批判理论的主要思想来源。简要地说，维特根斯坦在康德的批判哲学的基础上，运用划界思想，在图型说的基础上，通过引入“中介”的方式，用逻辑分析的方法构建自己的体系，以此来解决意义问题。从这个溯源的过程中，我们发现维特根斯坦采用了多种方法糅合的方式来解决问题。虽然他没有方法上的“原创”，但是这种对方法进行组合的方式同样值得我们借鉴，至少可以为进一步论证语言的本体论性质提供参考。前期维特根斯坦将语言与世界同构，预设所有命题在其获得真假值之前必须具有真实条件。这种本体论性质的预设，为语言本体论的建立奠定了基础。

此外，对前期语言批判思想的溯源和梳理，也有助于对后期语言观的研究，进而更好地把握维特根斯坦的整体思想。在某种程度上，维特根斯坦思想后期是对前期所反对的一些思想的回归，同时也坚持着一些前期的观点和看法。只有了解前期语言批判理论，才能更好地理解和研究后期维特根斯坦。尽管它们表面上差异很大，但毕竟都是源于维特根斯坦一人之手。在对他的思想进行研究时，应将他的性格和经历等人的因素考虑在

---

① 李洪儒：《现代欧洲大陆语言哲学研究——站在流派的交叉点上》，黑龙江大学博士后研究工作报告 2008 年，第 i 页。

内，以便能更全面、更准确地把握。

“语言哲学的目的在于语言之外的世界，准确地说，是人及人的世界，而非自在的世界。”①维特根斯坦就是通过“语言批判”来为人类的思想划界，以此来研究人的世界。在这个过程中，他发现这个界限只能在语言中划定，这表明语言先于人和人的思想。这也可以作为语言本体论论证的一个佐证。

五、对其他学科的影响

钱冠连指出：“鉴于语言哲学能够营养语言学的事实，我们须要好生利用哲学‘一种营养养百家’的效果。”②语言哲学应当为语言学的发展指明方向，这也是语言哲学研究者在不断追求和努力奋斗的目标。语言批判理论作为语言哲学的重要组成部分同样能够为语言相关学科的发展提供借鉴。

语用学是目前语言学领域内研究范围较广、从事研究人数较多的一个分支学科。但是，它的发展却正处在瓶颈阶段。由于语用学的应用范围广，导致对于如何进行语用学研究、语用学应该研究什么、如何定义、语用学是什么或不是什么，就连语用学研究者之间也缺乏共识。③ 在学科发展不断细化的今天，学科的整合是必要的，但这种整合不能是绝对的。我们要意识到学科的有限性，阻止语用学无限膨胀的趋势，警惕语用学研究中追求大而全的形而上倾向。承认学科的有限性，如同康德承认人的有限性一样，就是承认某一具体学科只能解决有限的问题。这是使语用学摆脱“垃圾桶”“废物箱”命运的一个好办法。研究者们应当充分意识到语用学的分支学科地位，不能将一切难以解决的问题都划归到语用学的名下，这样并不利于问题的解决。因为，体系再完备的理论也只能解决有限的问

① 李洪儒：《现代欧洲大陆语言哲学研究——站在流派的交叉点上》，黑龙江大学博士后研究工作报告 2008 年，第 4 页。

② 钱冠连：《西语哲在外语界的传播与未来的发展》，载《外语学刊》2008 年第 2 期。

③ Mey J L, *Concise Encyclopedia of Pragmatics*, Oxford: Elsevier Science, 1998, p. 716.

题,不要奢求一种理论能够解决所有关于语言的困惑。

修辞学是历史悠久的一门人文学科,同语言的关系十分密切。宽泛地说,它就是研究语言的遣词造句的学科。修辞学研究仅仅局限于语言内部层面是不够的。而已有的修辞手法的研究还停留在分析和解释的阶段,没有更多地去挖掘它们背后所体现的人与世界之间的关系。从语言哲学的角度来看,隐喻、转喻等修辞手段恰恰体现着人类对世界的认识。甚至在一定的程度上,人们是依靠隐喻而生存的。因此,借鉴语言批判的思想,对修辞学自身的反思,以及向语言哲学方向的拓展都具有重要的现实价值。笔者认为,修辞学的语言哲学转向也许能够让这个古老的学科重新焕发生机。

第五节　斯特劳森

随着研究的不断深入,英美哲学的研究兴趣逐渐从逻辑分析转向日常语言分析。以摩尔、奥斯丁等人为代表的日常语言分析学派在语言学领域广为人知,奥斯丁的言语行为理论更被视为语用学的奠基之作。相比之下,语言学界对斯特劳森和奎因的研究不多。但是,这二者却是当代英美哲学的代表性人物,其各自的理论都带有鲜明的创新性。

彼得·斯特劳森(Strawson,1919—2006),英国哲学家,他以语言分析的方式重建了近代分析哲学中的形而上学研究,改变了以往很多哲学的反形而上学态度。同时,他与美国哲学家奎因共同被看作改变了分析哲学的发展方向。[①] 斯特劳森对形而上学作用的重新肯定,不是简单地将形而上学视为一种概念认识形式,而是从日常语言的用法入手,揭示我们在使用日常语言时所蕴含的概念结构及其与世界结构的关系。[②] 斯特劳森的思路

① 叶秀山、王树人总主编:《西方哲学史(学术版)》第八卷,江苏人民出版社 2005 年版,第 618 页。

② 叶秀山、王树人总主编:《西方哲学史(学术版)》第八卷,江苏人民出版社 2005 年版,第 621 页。

就是，一定要根据我们在使用这些语词时的具体情况来确定它们的具体意义，对于命题中的主谓区分来说同样如此。其思想被认为是牛津日常语言学派的主要观点。

一、主谓区分

谈论斯特劳森有关主词和谓词的区分，就不得不从他的形而上学思想说起。斯特劳森在《个体：论描述的形而上学》(1959)中明确肯定了形而上学的历史地位。他认为，形而上学本身没有错，错在以往哲学家采用的概念体系违反了人们日常的思维方式。形而上学的基本任务是揭示人们认识活动中已经存在的概念图式，用分析的方法梳理出我们日常思维活动中混杂的命题形式。[①] 因此，斯特劳森提出"共相"与"殊相"的概念，其中"殊相"是其描述的形而上学的核心内容。

斯特劳森的形而上学思想有两个基本特征。第一，他希望建立一个能够描述和解释一切语言活动的概念框架。他认为人类的日常话语中已然存在这样的框架，我们只需要将其描述出来而已。第二，通过殊相揭示人们用来表达殊相的语词所指称的对象，以实现追问形而上学的存在问题。

因此，斯特劳森将殊相分为基本的殊相和非基本的殊相。基本的殊相不以其他任何殊相为依据，而其他殊相则以其为基本的殊相。在他看来，只有物质物体和人是基本的殊相。其中，将物质物体视为基本殊相的目的是将人视为基本殊相。人与其他物质物体的不同在于人具有意识活动。作为语词的使用者，人不仅具有私人意识和感觉，更是使用公共话语来指称事物的语言使用者，其所使用的一切语词都要能够为听话者所理解。[②]

斯特劳森区分基本殊相的目的不仅是重建形而上学话语，更重要的是为了将殊相与共相的区分与主词和谓词的区分联系起来，并说明两种区分

① 叶秀山、王树人总主编：《西方哲学史(学术版)》第八卷，江苏人民出版社2005年版，第621页。

② 叶秀山、王树人总主编：《西方哲学史(学术版)》第八卷，江苏人民出版社2005年版，第625页。

之间的关系，最终揭示主词与殊相之间的指称关系。他认为，主词和谓词是将一个殊相引入句子的不同方式。在一个有意义的句子中一定包含对一个殊相的描述或断定；而主词和谓词的作用不过是以不同的方式将这个殊相引入句子中。[①] 共相在句子中既可以做谓词也可以做主词，但殊相在句子中却只能做主词，而不能做谓词。因此，两个区分之间的关系是不对称的。这样就可以将存在问题与语言表达的逻辑句法问题区分开，这对20世纪70年代之后的分析哲学产生了较大影响。他们分别从语言语法、经验意义、真理标准以及逻辑形式等方面探讨形而上学的价值，对存在、意义、同一性和可能世界等问题尤其关注，取得了许多创新性成果。

二、指称问题

名称的指称问题一直是西方语言哲学界的研究重点，其涉及意义的确定性问题。“对指称问题的主要探讨最早始于弗雷格，此后，罗素、斯特劳森、唐奈兰、克里普克和普特南等也为此理论的发展相继做出重要贡献。”[②] 摹状词(description phrase)作为名称中的一种，自被罗素提出以来一直备受学者关注。学者们对其功能及分类的研究不断深入，但尚未达成共识。关于摹状词的指称确定性问题，哲学家的观点经历过从语义到语用再到意向性的过程。摹状词指称的确定性问题是语言意义确定性的重要组成部分。本书尝试从摹状词理论发展的3个阶段入手，探讨不同学者在摹状词研究中从语义层面、语用层面和意向性3个层面对语言学研究的贡献，以期分析限定摹状词指称的确定性的影响因素，进一步说明言语交际的复杂性以及话语意义的生成机制。

(一)专名与摹状词

穆勒(John Stuart Mill,1806—1873)提出了名词的内涵与外延这个在语

① 叶秀山、王树人总主编:《西方哲学史(学术版)》第八卷，江苏人民出版社2005年版，第628页。

② 李蓓岚、郭继荣:《指称与摹状词:基思·唐奈兰视角》，载《外语学刊》2016年第6期。

言哲学和形式逻辑中都具有重大影响的理论，并在此基础上明确地区分专名(proper names)和通名(general names)。他认为，专名与通名的主要区别在于：专名只有外延，而无内涵；通名则既有外延，又有内涵。[1]弗雷格认同穆勒关于通名问题的观点，而在专名问题上与其存在分歧。他将专名理解得非常宽泛，承认存在着一些具有含义而无指称的专名(如小说中的虚构人物的名字“朱丽叶”“哈姆雷特”等)。进而他通过区分符号、符号的意义和符号的意谓的方式来尝试对意义进行分析，以便达到追求真的目的。弗雷格认为，专名的意义应当是它所出现的句子的意义的组成部分，而专名的意谓则是我们用它所表达的对象本身。[2] 弗雷格有关意义和意谓的区分对分析哲学的形成起到决定性作用，对罗素和维特根斯坦的思想都产生重要影响。

罗素关于名称指称问题的观点前后有过很大的变动。在撰写《数学原理》(1903)时期，罗素同意迈农和弗雷格的观点，认为事物是专名所指称的项，既包括各种现实的存在物，也包括各种非现实的、虚构的东西，如“圆的方”“独角兽”。到了撰写《论指示》(1905)时，罗素就否定了这一观点，认为这种观点无法解决著名的“金山难题”。为此，罗素提出摹状词理论(description theory)[3]，将个体词分为专名和摹状词。根据摹状词理论，逻辑命题的主项是专名的指称物，即该专名的意义；摹状词不是专名，只是一个不完全的符号，不代表命题主项，只能做谓词，表达某种性质。通过这种方式，摹状词理论强调了自然语言结构与逻辑命题结构的差异性，取消了肯定虚构事物的本体论，解决了“金山难题”和同一律的普遍性问题。

罗素的摹状词理论受到西方许多语言哲学家的赞扬，甚至被拉姆塞称为“哲学的典范”。罗素凭借摹状词理论将语言的逻辑分析置于哲学研究

---

① 涂纪亮：《维特根斯坦后期哲学思想研究　英美语言哲学概论》，武汉大学出版社2007年版，第428页。

② 叶秀山、王树人总主编：《西方哲学史(学术版)》第八卷，江苏人民出版社2005年版，第112页。

③ 有学者将其译为“摹状词理论”，陈嘉映(2013)认为应译为“描述语理论”，本书采用学界使用频率较高的译法，译为“摹状词理论”。

的中心位置，最终促成哲学的语言转向。不仅如此，摹状词理论也作为一种逻辑理论，被现代逻辑采纳。它从逻辑的角度分析命题中的语词与现实中的对象之间的关系，促使概念更加明确、意义更加清晰。

（二）指称理论的3个阶段

罗素的摹状词理论在备受称赞的同时，也饱受质疑。自问世起，摹状词理论就受到摩尔等人的批评与质疑，斯特劳森更是从根本上否定这一理论，认为这是逻辑上的一场灾难。无论赞扬或是批评，罗素的摹状词理论都引发了学界对相关问题的关注。批判的声音更是成为推动摹状词理论进步的助力。纵观历史，我们可将摹状词理论至今的发展历程归结为3个阶段：语义层面、语用层面和意向性。这3个阶段的划分可以进一步凸显学界对指称问题的研究重点的变化以及影响语言意义确定的因素的不断丰富。

1. 语义层面

按照罗素的理论，一切名称都是摹状词。通名是非限定摹状词（indefinite descriptions），在英语中表现为以不定冠词 a 开始的描述性词组，如一个弗雷格的学生；专名是限定摹状词（definite descriptions），在英语中表现为以定冠词 the 开始的描述性词组，如那个写《逻辑哲学论》的人。[①] 非限定摹状词没有唯一性，限定摹状词具有唯一性。罗素进一步区分逻辑专名和普通专名，主张普通专名实际上是缩略的摹状词或伪装的摹状词。专名等于一个或一些摹状词。每个限定摹状词都蕴涵着一个存在命题。摹状词不直接指示某一个体，不具有独立的意义，因而是一个"不完全的符号"，它在孤立的状态下不具有意义。[②] 摹状词不是指示说话者所亲知的对象，它只是对对象进行特征描述。摹状词不具有命名功能，只具有描述功能，它是通过对对象进行特征描述而指示的。罗素关于普通专名是缩略的或

---

① 赵敦华：《现代西方哲学新编》第二版，北京大学出版社2014年版，第123页。

② 涂纪亮：《维特根斯坦后期哲学思想研究　英美语言哲学概论》，武汉大学出版社2007年版，第438页。

伪装的摹状词的观点，曾受到维特根斯坦、塞尔等人的支持，在语言哲学中有相当大的影响。[①]

2. 语用层面

"罗素的理论停留在语义学层面，讨论的摹状词意义是相对于社会共同体和公共的语言框架而言的，与特定的语境、说话者、听话者无关；斯特劳森的论文第一次把语境、说话者的意向、社会历史文化因素等引入对语词和语句的意义分析中，并区分语词的指称性使用和归属性使用，进入语用学层面，对后来的发展产生非常重要的影响。"[②]

(1)情景语境

日常语言分析哲学兴起之后，牛津哲学家斯特劳森在《论指称》(1905)一文中批评罗素混淆了句子和句子的使用。句子的意义取决于一般的句法规则，不符合句法规则的句子无意义；句子只有在使用时，才有真假的问题。[③] 斯特劳森批评罗素混淆语词本身与语词的使用，以及语句本身和语句的使用。他认为，语词本身并不指称任何对象，只有人们在不同场合下使用语词去指称不同的对象。因此，语词本身和语词的使用不同，不能混为一谈。"斯特劳森的思路就是，一定要根据我们使用这些语词的具体情况来确定它们的具体意义，这对于命题中的主谓区分来说同样如此。斯特劳森的这些思想被视为代表牛津日常语言学派的主要观点。"[④]林斯基等人支持斯特劳森对罗素的批判，认为是语言的使用者在做出指称，而不是(除非在派生的意义上)他们使用的表达式在指称。日常语言学派的后继者格赖斯(Grice)持类似观点，认为我们应当区分两种情况：第一，一个说话者使用的语词所表示的意思；第二，这个说话者在特定场合下通过使用这个语词所表示的意思。他认为，在很多情况下，说话者通过说出前一句话来表

---

① 涂纪亮：《维特根斯坦后期哲学思想研究　英美语言哲学概论》，武汉大学出版社2007年版，第434页。

② 陈波：《逻辑哲学》，北京大学出版社2006年版，第177～178页。

③ 赵敦华：《现代西方哲学新编》第二版，北京大学出版社2014年版，第125页。

④ 叶秀山、王树人总主编：《西方哲学史(学术版)》第八卷，江苏人民出版社2005年版，第635页。

达后一句话的意思，而前一句话本身根本不含有后一句话的意思。

唐奈兰(Donnellan)指出，罗素和斯特劳森的摹状词理论均未明确摹状词的两种功能。因此，他明确指出并严格区分摹状词的归属性与指称性用法。归属性用法意味着语义关系，无须考虑话语的语境；指称性用法则需要借助于语境来判断其所指。[①] 在唐奈兰看来，限定摹状词的用法是由说话者在某个特定场合下的意向功能决定的，属于语用范畴。如若某个语句显示出某种程度上的含混不清，唐奈兰认为"这个语句在语用上是含混的：在那个摹状词所起的两种作用之间的区别是说话者的意向的功能"[②]。我们可以发现，限定摹状词指称的意向性视角已经在唐奈兰的思想中初现端倪。

(2)历史因果语境

与弗雷格、罗素和维特根斯坦等人的摹状词理论相对立，克里普克和普特南等人在发展斯特劳森和唐奈兰的理论的基础上，于20世纪60年代提出"历史的、因果的指称理论或命名理论"。克里普克认为，摹状词在指称一个对象时，仅仅借助于把某些特性归之于对象，因此它的指称方式受到世界上发生的种种偶然的事件或过程的影响。[③]他严格区分专名和摹状词，认为名称不是通过描述对象而与对象建立联系，而是最初通过命名仪式来确立的，坚决反对专名等于某一个限定摹状词的思想。克里普克的理论最吸引人的一点，是把专名指称对象的识别与一种可以和罗素的实在论偏好相媲美的对现实的关注联系起来思考。这就是把专名指称的确定看作语言和社会联系的结果，看成指称对象在人与人之间传播交际的结果。[④]但是，达米特认为，有很多种类的名称无法由历史因果理论加以说明。"克

① 李蓓岚、郭继荣：《指称与摹状词：基思·唐奈兰视角》，载《外语学刊》2016年第6期。

② 唐奈兰：《指称与限定摹状词》，见马蒂尼奇：《语言哲学》，牟博、杨音莱、韩林合等译，商务印书馆1998年版，第464页。

③ 涂纪亮：《维特根斯坦后期哲学思想研究　英美语言哲学概论》，武汉大学出版社2007年版，第440页。

④ 陈道德等：《二十世纪意义理论的发展与语言逻辑的兴起》，中国社会科学出版社2007年版，第39页。

里普克的理论最多只适用于人名地名这一类特定的名称,但即使就人名地名来说,历史因果理论也不能表明说出一个名称和听到一个名称的差别。”①

3. 意向性

塞尔在维特根斯坦有关家族相似性的讨论的基础上发展出“不定簇理论”(cluster theory),指称某一对象的专名联系于描述该对象的诸摹状词中的一簇,究竟哪些摹状词形成这一簇则是不确定的。② 20 世纪初,布伦塔诺关于意向性是心理现象和物理现象间联系的思想影响了胡塞尔和塞尔等哲学家。塞尔开始关注意识和语言的关系,将语言和心灵结合起来,从说话人意向的角度探讨指称的确定性问题。塞尔认为,指称是一种言语行为。“语言上的指称总是依赖于心灵的指称,或者它就是心灵的指称的一种形式。”③他主张将摹状词看作意向内容的表达方式,将描述性指称理论改为意向性指称理论,认为历史因果指称论主张的外在物理因素链本质上是知识内部意向内容转移的反映。④ 塞尔的意向性指称理论将语言、心灵和世界密切联系在一起,更为合理地解释了语言与世界之间的指称关系,是对罗素和克里普克理论的有力补充。

(三)指称确定性研究的启示

通过以上的分析可知,摹状词研究经历了从语义、语用到意向性的过程。这个过程饱受争议,斯特劳森批判罗素没有区分语词和语词的使用,塞尔认为斯特劳森没有考虑说话人的意向性在确定摹状词指称中的作用。这种不同视角的批判不断推动摹状词指称确定性的进步。在肯定批判的推动作用的同时,也要肯定不同层面的研究对了解语言意义问题以及在推测意义的生成机制方面贡献了一定力量。

---

① 陈嘉映:《简明语言哲学》,中国人民大学出版社 2013 年版,第 217 页。

② 塞尔:《专名》,见马蒂尼奇:《语言哲学》,牟博、杨音莱、韩林合等译,商务印书馆 1998 年版,第 524 ~525 页。

③ 塞尔:《意向性——论心灵哲学》,上海人民出版社 2007 年版,第 239 页。

④ 塞尔:《意向性——论心灵哲学》,上海人民出版社 2007 年版,第 197 ~248 页。

首先,语义层面的研究。尽管罗素的摹状词理论受到后世学者的批判,但是其开创性的地位是不容置疑的。笔者认为,从回顾的角度看,综合语用和心灵的指称论解释适用范围更广。在语义层面分析名称的指称问题,尤其是限定摹状词的指称问题,可以对当前人工智能发展的语言理论基础提供很多启示。不同的研究目的使得不同的理论在不同的研究层面上存在生存空间。语义层面的研究就是抛弃语境与人等社会因素的研究,因此它的研究成果带有很强的抽象性以及在计算机编程等科学领域的适用性。抽象的规则有利于研究体系的建立,使得所有的语言现象有的放矢。就如我们给地球画上经线和纬线一样,以便我们确定自己的位置。这样可以为纷繁复杂的语言现象提供分类的框架和依据。语言的意义包括主观意义和客观意义两个方面,语义层面的研究很大程度上解决了客观意义的问题,余下的主观意义的问题很大程度上成为语用层面研究的中心。

其次,语用层面引入了语境对语词指称确定性及决定性的影响和作用。从情景语境到历史因果语境,也可以说是从共时语境到历时语境的一个变化,语境的范围在不断扩大,但都同时对意义以及指称的确定性问题产生影响。尤其是限定摹状词具有明显的描述性,其描述性正如维特根斯坦和塞尔坚持的簇摹状词理论认为的那样,是由一组或几个摹状词共同指向同一对象,进而来指称事物。因此,这些特征都依赖语境而存在。这类理论将语言之外的世界性因素引入指称的确定性研究,进而影响了之后的语用研究。

最后,意向性层面的研究。“语句和语词具有作为语言组成部分的意义。语句的意义是由语词的意义和语词在语句中的句法排列来决定的。但是,说话人在说出这个语句时所意谓的东西,在某种限度之内,完全是属于他的意图问题。”[①]说话人使用语词指称事物,在使用了语词的客观意义的同时也体现出说话人的意向性。意向性维度的引入使得名称指称问题

① 塞尔:《心灵、语言和社会——实在世界中的哲学》,李步楼译,上海译文出版社 2001 年版,第 134 页。

在更大范围上得到解决,但是仍不能解释说话人在不能确定所用名称的意义时却能正确指称且顺利完成与受话人交际的现象。

三、指称确定性的互动观

随着语言研究的不断深入,有关语言意义的研究不断产生新的理论,如观念论、真值条件论等等。语言研究的互动观或者说交互主体性视角的优势在于引入受话人对语言意义生成的影响,即受话人的存在以及自身的各种背景因素对说话人使用语词指称时的确定性的影响。正如斯特劳森强调要区分语词本身和语词的使用一样,语词的使用一定是在存在互动双方的基础上。即使是书面独白话语也具有对话性,它是在假定存在某个或某类受话人的基础上创作而成的。

语言的意义分为客观意义和主观意义两部分。从共时的视角看,客观意义相对稳定,属于语义学研究的范畴。无论其作用是指称还是描述,涉及的都是在人或者该语言的成熟母语者中达成共识的意义。主观意义则较为复杂,涉及说话人、受话人和当时的情景,以及对话双方各自的背景知识。这些因素都影响着语词或是语句指称的确定性。例如按照罗素的定义,摹状词是在英文中带有定冠词 the 的描述性词组,如"那个写《逻辑哲学论》的人"。斯特劳森认为这个摹状词本身不能指称,要说话人使用这个摹状词才能实现指称。可是在交际中,说话人使用这个摹状词的指称是否成功要根据受话人的反应进行判断。如果互动双方在讨论这个话题时都用这个摹状词指代维特根斯坦,那么指称行为成功,交际具备了继续进行的基础。如果受话人以为《逻辑哲学论》的作者是拉姆塞,自己却没有意识到,这就会产生误解,那么指称行为失败。

综上所述,语言的意义不能脱离交际双方和语境而存在。脱离使用者和语境的语言研究不能实现语言哲学家对意义的终极追求。在考虑发话人的意向性影响指称确定性的同时,也不能忽视受话人的影响。互动语用学的倡导者托马斯指出:"意义的生成是一个动态的过程,需要说话人和听话人双方就意义进行协商,需要语境和话语的意义潜能。”①也就是说,意义是双方共同建构的。交际的过程是意义互动的过程,主体性体现在话语中就是词汇的静态意义,而主体间性则主要体现话语中动态意义的生成过程。

影响语言意义的确定因素是复杂的,这毋庸置疑。但是,如何能在复杂的表象背后寻找到清晰的规律是语言学家和语言哲学家一直努力的方向。从罗素、斯特劳森到塞尔,他们的研究使语言意义的研究从抽象的结构走向语境,再走向心灵哲学。人不仅需要通过使用语言与世界建立联系,也需要通过使用语言来和其他人建立联系。因此,互动视角下的指称确定性研究引入受话人作为一个影响因素,可以进一步解释语言使用的真实情况,揭示主观意义的生成与运作机制。

第六节 奎因

奎因(Willard Van Orman Quine, 1908—2000)被誉为继罗素和维特根斯坦之后影响最大的哲学家,是自第二次世界大战以来美国最负盛名的哲学家之一。国外学者认为他的《词和对象》(*Word and Object*)是20世纪影响最大的两部哲学著作之一。② 我国学者钱冠连将这本书称为“语言学家绕不开的一座哲学山”③。

1960年,奎因在《词和对象》中首次提出了翻译的不确定性论题,在西方哲学界、语言学界和翻译理论界引起了相当大的反响。有些哲学家把它与一条公认的数学定理一样看待。④ 奎因将自己的翻译观概括如下:我们可以通过不同的方式编写把一种语言译为另一种语言的手册,这些手册符

---

① 廖美珍:《目的原则和言语行为互动研究》,载《外语学刊》2012年第5期。

② 施太格缪勒:《当代哲学主流》下卷,王炳文、王路、燕宏远等译,商务印书馆1992年版,第204页。

③ 钱冠连:《语言哲学讲座》讲义,黑龙江大学,2009年。

④ Kirk R, *Translation Determined*, Oxford: Oxford University Press, 1986, p. vii.

合全部言语行为倾向,但彼此之间却不一致。这些翻译手册将另一种语言的一些彼此并无明显等值关系的句子分别作为此一种语言的一个句子的翻译,因此它们在很多地方是有歧义的。当然当一个句子与非言语刺激的直接联系越密切,不同手册的翻译之间差异越小。①

翻译是宇宙进化过程中所产生的最为复杂的现象。“奎因并不是热衷于研究语言的翻译理论,而是为了通过对语言的哲学理解,论述科学体系中的本体论的相对性。”②这有助于我们探讨语言哲学的经典问题——意义。从奎因的论述中,我们可以意识到,翻译不仅仅是语言的转换,更主要的是不同语言之间在语词的意义和指称这两个方面的转换。由此,翻译的不确定性问题就转化为两个问题:意义的不确定性和指称的不确定性。奎因认为,后者相对重要,是指称的不确定性导致意义的不确定性。

第一,奎因举了关于“原始翻译”的例子。他做了一个假设,一个语言学家来到一个土著部落,尝试将这种不为人知的语言翻译成一种已知的语言,如英语。这时,一只兔子跑过,土著人说 gavagai,语言学家该如何判定 gavagai 的意义?翻译成英语中的什么词?兔子?通常的步骤就是把土著人说的话与当下可观察的时间或对象联系起来。通过这种联系把语言与外在的世界联系起来,然后不断重复这个词语,观察原住民的反应,由此不断了解这种语言并将其翻译成英语。通过这种方式,可以编出一本翻译手册,就是所谓的“彻底的翻译”。奎因指出,这种方式存在很多问题,需要经过很多步骤。即使完成这些,不确定性也始终存在。无论在哪一步,语言学家的工作都可能出现错误,他都有可能是通过自己的猜测来确定词的意义。也就是说,指称本身是不确定的,所以翻译出来的意义就更不可信。

第二,关于语言习得。在孩子学习母语的过程中,我们通常使用实指定义的方式确定语词的指称。但同样也面临着指称的确定性问题。还是关于兔子的例子。当我们指着一只兔子对孩子说“兔子”时,是指具体的一

① Quine W, *Word and Object*, Cambridge: MIT Press, 1960, p. 27.

② 姚介厚:《当代美国哲学》,香港三联书店有限公司 1996 年版,第 26 页。

只兔子还是一个抽象的概念,还是兔子身体的某个部分?如果要孩子通过实指的方式学会正确使用词语,孩子就要具备一定的认知能力和思维能力,还要有一定的语言表达倾向。

奎因由此引出“本体论的相对性”问题,认为绝对地询问一个名称是否指称了某个对象是没有意义的,需要考虑背景语言、翻译手册和指称量化。

参考文献

期刊、论文

[1]全增嘏. 罗素和维特根斯坦的"逻辑分析"方法[J]. 复旦大学学报(哲学社会科学),1963(1):1-7.

[2]王丽虹. 从"图像论"到"游戏说"——维特根斯坦语言哲学从科学主义向人文主义的回归[J]. 语文学刊,2007(4):95-97.

[3]王路. 弗雷格和维特根斯坦:一个常常被忽略的问题[J]. 开放时代,2001(3):104-106.

[4]汪帆. 维特根斯坦思想的一致性[J]. 北京机械工业学院学报,2003(1):83-88.

[5]魏勒,李振麟. 弗立茨·毛斯纳的语言批判论[J]. 现代外国哲学社会科学文摘,1959(3):19-22.

[6]谢群. 语言批判:维特根斯坦语言哲学的基点——前期维特根斯坦语言哲学系列研究之一[J]. 外语学刊,2009(5):23-26.

[7]谢群. 语言批判:毛特纳与维特根斯坦的交叉点——前期维特根斯坦语言哲学思想系列研究之二[J]. 外语学刊,2010(1):9-13.

[8]谢群,宋艳玲. 维特根斯坦与弗雷格:继承与超越——前期维特根斯坦语言哲学思想系列研究之三[J]. 当代外语研究,2011(2):14-18.

[9]周祯祥,周晟. 普遍语言的两个设想——莱布尼茨与弗雷格的尝试[J]. 湖南科技大学学报(社会科学版),2009,12(5):29-33.

[10]庄琴芳. 福柯后现代话语观与中国话语建构[J]. 外语学刊,2007(5):94-96.

[11]谢群,陈明珠. 互动视角下的指称确定性研究[J]. 外语学刊,2020(4):122-126.

[12]徐为民. 维特根斯坦论语言的否定性原则——兼论私人语言的不可能性[J]. 自然辩证法通讯,2002(1):23-30.

[13]严明. 话语分析的基础:话语共同体[J]. 外语学刊,2009(4):100-102.

[14]严明. 话语共同体理论建构初探——商务英语系列研究之一[J]. 外语学刊,2010(6):85-88.

[15]姚小平. 先秦语言思想三题[J]. 语言研究,2011,31(1):121-126.

[16]许才义. 阿奎那语言哲学研究[D]. 武汉:武汉大学,2010.

[17]徐华. 莱布尼茨的符号逻辑思想研究[D]. 北京:北京化工大学,2017.

[18]徐愚. 机器与语言——对人工智能语义问题的探寻[D]. 北京:中共中央党校,2016.

[19]贝克尔 G P,海克尔 P M S. 罗素与维特根斯坦:两种不同的哲学观[J]. 哲学译丛,1990(1):52-60.

[20]陈晓平. 簇摹状词与开放集合[J]. 自然辩证法通讯,2001(5):9-17.

[21]韩东晖. 划界与批判——《纯粹理性批判》与《逻辑哲学论》比论[J]. 浙江学刊,2004(5):20-26.

[22]霍永寿. 论当代中国话语研究的语言哲学基础及其建构[J]. 四川大学学报(哲学社会科学版),2020(6):128-135.

[23]江怡. 康德的"图式"概念及其在当代英美哲学中的演变[J]. 哲学研究,2004(6):35-41.

[24]李洪儒. 意见命题意向谓词与命题的搭配——语言哲学系列探索之六[J]. 外语学刊,2007(4):6-11.

[25]李洪儒. 现代欧洲大陆语言哲学研究——站在流派的交叉点上[R]. 哈尔滨:黑龙江大学,2008.

[26]李怀珍. 两种批判,两个界限——康德和前期维特根斯坦之比较[J]. 北方论丛,2003(4):9-11.

[27]刘辉. 索绪尔与后期维特根斯坦:继承与超越——后期维持根斯坦语言哲学思想系列研究之一[J]. 外语学刊,2009(3):23-26.

[28]刘辉. 本体论视域中的后期维特根斯坦语言观——后期维特根斯坦语言哲学思想系列研究之二[J]. 外语学刊,2010(6):25-28.

[29]倪梁康. 语言哲学的基本问题:结构还是生成?——卡西尔与海德格尔对洪堡思想的不同解读[J]. 学海,2008(2):90-92.

[30]潘文国. 从哲学研究的语言转向到语言研究的哲学转向[J]. 外语学刊,2008(2):17 –21.

[31]钱冠连. 西语哲在外语界的传播与未来的发展[J]. 外语学刊,2008(2):1 –16.

[32]黄炎孙. 人工智能的符号主义立场研究——从图灵测试谈起[D]. 北京:北京化工大学,2014.

[33]刘辉. 普遍语言与人工智能——莱布尼茨的语言观探析[J]. 外语学刊,2020(1):122 –126.

译著

[1]约翰·塞尔. 心灵、语言与社会:实在世界中的哲学[M]. 李步楼,译. 上海:上海译文出版社,2006.

[2]约翰·塞尔. 意向性:论心灵哲学[M]. 刘叶涛,译. 上海:上海人民出版社,2007.

[3]施太格缪勒. 当代哲学主流(下卷)[M]. 王炳文,王路,燕宏远,等,译. 北京:商务印书馆,1992.

[4]汉斯·斯鲁格. 弗雷格[M]. 江怡,译. 北京:中国社会科学出版社,1989.

[5]涂纪亮. 维特根斯坦全集(第3卷)　哲学评论[M]. 丁冬红,等,译. 石家庄:河北教育出版社,2003.

[6]维特根斯坦. 维特根斯坦与维也纳学派[M]. 徐为民,译. 上海:同济大学出版社,2004.

[7]维特根斯坦. 逻辑哲学论:德英对照[M]. 北京:中国社会科学出版社,1999.

[8]维特根斯坦. 逻辑哲学论[M]. 贺绍甲,译. 北京:商务印书馆,1996.

[9]维特根斯坦. 逻辑哲学论[M]. 郭英,译. 北京:商务印书馆,1962.

[10]维特根斯坦. 哲学研究[M]. 李步楼,译. 北京:商务印书馆,2017.

[11]维特根斯坦. 哲学研究[M]. 陈嘉映,译. 北京:商务印书馆,2016.
[12]肖尔兹. 简明逻辑史[M]. 杨一之,译. 北京:商务印书馆,1977.
[13]托马斯·阿奎那. 论存在者与本质[M]. 段德智,译. 北京:商务印书馆,2017.
[14]艾耶尔. 二十世纪哲学[M]. 李步楼,俞宣孟,苑利均,等,译. 上海:上海译文出版社,2005.
[15]奥古斯丁. 忏悔录[M]. 周士良,译. 北京:商务印书馆,1997.
[16]柏拉图. 柏拉图全集:第二卷[M]. 王晓朝,译. 北京:人民出版社,2003.
[17]笛卡尔. 谈谈方法[M]. 王太庆,译. 北京:商务印书馆,2011.
[18]恩格斯. 自然辩证法[M]. 于光远,等,译. 北京:人民出版社,1984.
[19]米歇尔·福柯. 词与物——人文科学考古学[M]. 莫伟民,译. 上海:上海三联书店,2001.
[20]米歇尔·福柯. 知识考古学[M]. 谢强,马月,译. 北京:生活·读书·新知三联书店,2003.
[21]弗雷格. 算术基础[M]. 王路,译. 北京:商务印书馆,1998.
[22]弗雷格. 弗雷格哲学论著选辑[M]. 王路,译. 北京:商务印书馆,2006.
[23]古雷加. 德国古典哲学新论[M]. 沈真,侯鸿勋,译. 北京:中国社会科学出版社,1993.
[24]霍布斯. 利维坦[M]. 黎思复,黎廷弼,译. 北京:商务印书馆,2011.
[25]恩斯特·卡西尔. 人论[M]. 李琛,译. 北京:光明日报出版社,2009.
[26]恩斯特·卡西尔. 人文科学的逻辑[M]. 沉晖,海平,叶舟,译. 北京:中国人民大学出版社,2004.
[27]恩斯特·卡西尔. 符号·神话·文化[M]. 李小兵,译. 北京:东方出版社,1988.
[28]康德. 纯粹理性批判[M]. 邓晓芒,译. 北京:人民出版社,2017.
[29]莱布尼茨. 人类理智新论[M]. 陈修斋,译. 北京:商务印书馆,1982.
[30]莱布尼茨. 莱布尼茨自然哲学著作选[M]. 祖庆年,译. 北京:中国社会

科学出版社,1985.
[31]罗蒂.后哲学文化[M].黄勇,译.上海:上海译文出版社,2009.
[32]罗蒂.后形而上学希望[M].张国清,译.上海:上海译文出版社,2009.
[33]罗素.西方哲学史[M].马元德,译.北京:商务印书馆,2017.
[34]罗素.数理哲学导论[M].晏成书,译.北京:商务印书馆,1982.
[35]罗素.逻辑与知识1901—1950年论文集[M].苑莉均,译.北京:商务印书馆,1996.
[36]罗素.罗素自传:第2卷[M].陈启伟,译.北京:商务印书馆,2003.
[37]罗素.我的哲学的发展——附艾兰·乌德:罗素哲学[M].温锡增,译.北京:商务印书馆,1982.
[38]马蒂尼奇.语言哲学[M].牟博,杨音莱,韩林合,等,译.北京:商务印书馆,1998.
[39]马尔康姆.回忆维特根斯坦[M].李步楼,贺绍甲,译.北京:商务印书馆,1984.
[40]尼采.偶像的黄昏[M].周国平,译.长沙:湖南人民出版社,1987.
[41]尼采.权力意志——重估一切价值的尝试[M].张念东,凌素心,译.北京:中央编译出版社,2000.
[42]尼采.尼采全集:第3卷[M].杨恒达,等,译.北京:中国人民大学出版社,2016.

著作

[1]张国清.无根基时代的精神状况:罗蒂哲学思想研究[M].上海:上海三联书店,1999.
[2]尚志英.寻找家园:多维视野中的维特根斯坦语言哲学[M].北京:人民出版社,1992.
[3]佘碧平.中世纪文艺复兴时期哲学[M].北京:人民出版社,2011.
[4]舒炜光.维特根斯坦哲学述评[M].北京:生活·读书·新知三联书

店,1982.

[5]涂纪亮.维特根斯坦后期哲学思想研究　英美语言哲学概论[M].武汉:武汉大学出版社,2007.

[6]王路.世纪转折处的哲学巨匠:弗雷格[M].北京:社会科学文献出版社,1998.

[7]汪堂家,孙向晨,丁耘. 十七世纪形而上学[M]. 北京:人民出版社,2005.

[8]谢群.维特根斯坦语言游戏思想研究:一项基于真实语料的研究[M].哈尔滨:黑龙江大学出版社,2017.

[9]姚介厚.当代美国哲学[M].香港:三联书店有限公司,1996.

[10]姚小平.西方语言学史:从苏格拉底到乔姆斯基[M].北京:外语教学与研究出版社,2018.

[11]叶秀山,王树人.西方哲学史(学术版)第一卷[M].南京:凤凰出版社,江苏人民出版社,2004.

[12]叶秀山,王树人.西方哲学史(学术版)第二卷[M].南京:凤凰出版社,江苏人民出版社,2005.

[13]叶秀山,王树人.西方哲学史(学术版)第三卷[M].南京:凤凰出版社,江苏人民出版社,2005.

[14]叶秀山,王树人.西方哲学史(学术版)第四卷[M].南京:凤凰出版社,江苏人民出版社,2004.

[15]叶秀山,王树人.西方哲学史(学术版)第五卷[M].南京:凤凰出版社,江苏人民出版社,2005.

[16]叶秀山,王树人.西方哲学史(学术版)第六卷[M].南京:凤凰出版社,江苏人民出版社,2005.

[17]叶秀山,王树人.西方哲学史(学术版)第七卷[M].南京:凤凰出版社,江苏人民出版社,2005.

[18]叶秀山,王树人.西方哲学史(学术版)第八卷[M].南京:凤凰出版社,江苏人民出版社,2005.

[19]俞吾金,汪行福,王凤才,等. 德国古典哲学[M]. 北京:人民出版社,2009.
[20]赵敦华. 西方哲学简史(修订版)[M]. 北京:北京大学出版社,2012.
[21]赵敦华. 现代西方哲学新编[M]. 2 版. 北京:北京大学出版社,2014.
[22]薄守生,赖慧玲. 百年中国语言学思想史[M]. 北京:中国社会科学出版社,2016.
[23]陈波. 逻辑哲学[M]. 北京:北京大学出版社,2005.
[24]陈波. 逻辑哲学研究[M]. 北京:中国人民大学出版社,2013.
[25]陈波. 逻辑学导论[M]. 3 版. 北京:中国人民大学出版社,2014.
[26]陈道德,等. 二十世纪意义理论的发展与语言逻辑的兴起[M]. 北京:中国社会科学出版社,2007.
[27]陈嘉映. 海德格尔哲学概论[M]. 北京:生活·读书·新知三联书店,1995.
[28]陈嘉映. 语言哲学[M]. 北京:北京大学出版社,2003.
[29]陈嘉映. 简明语言哲学[M]. 北京:中国人民大学出版社,2013.
[30]邓晓芒. 康德哲学讲演录[M]. 桂林:广西师范大学出版社,2005.
[31]福柯. 话语的秩序[C]//许宝强,袁伟. 语言与翻译的政治. 北京:中央编译出版社,2001.
[32]高宣扬. 德国哲学通史[M]. 上海:同济大学出版社,2007.
[33]韩林合.《逻辑哲学论》研究[M]. 北京:商务印书馆,2007.
[34]洪汉鼎. 语言学的转向——当代分析哲学的发展[M]. 台北:远流出版事业股份有限公司,1992.
[35]黄颂杰,章雪富. 古希腊哲学[M]. 北京:人民出版社,2009.
[36]霍永寿. 西方语言哲学入门必读[M]. 上海:上海外语教育出版社,2012.
[37]贾可春. 罗素意义理论研究[M]. 北京:商务印书馆,2005.
[38]江怡. 维特根斯坦传[M]. 石家庄:河北人民出版社,1998.
[39]江怡.《逻辑哲学论》导读[M]. 成都:四川教育出版社,2002.

[40]江怡. 如何从哲学的视角研究语言[C]. 陶秀璈,姚小平. 语言研究中的哲学问题. 北京:中央编译出版社,2010.

[41]江怡. 维特根斯坦:一种后哲学的文化[M]. 2 版. 北京:社会科学文献出版社,1998.

[42]李秋零. 康德著作全集:第 4 卷[M]. 北京:中国人民大学出版社,2005.

[43]李国山. 语言批判与形而上学[M]. 北京:商务印书馆,2014.

[44]刘北成. 福柯思想肖像[M]. 上海:上海人民出版社,2001.

[45]刘宓庆. 翻译与语言哲学[M]. 北京:中国对外翻译出版公司,2001.

[46]刘辉. 基于语料库的《维特根斯坦选集》文本研究[M]. 哈尔滨:黑龙江大学出版社,2017.

[47]鲁迅. “题未定”草[C]//中国翻译工作者协会《翻译通讯》编辑部. 翻译研究论文集(1894—1948). 北京:外语教学与研究出版社,1984.

[48]苗力田. 亚里士多德全集:第 7 卷[M]. 北京:中国人民大学出版社,1993.

外文著作

[1]CRARY A, READ R J. the new wittgenstein [M]. London: Routledge, 2000.

[2]COPI L, BEARD R W. ESSAYS ON WITTGENSTEIN'S *TRACTATUS* [M]. New York: Macmillan, 1967.

[3]ANSCOMBE G E M. An introduction to Wittgenstein's tractatus[M]. California: Hutchinson University Library, 1959.

[4]AUSTIN J L. How to Do Things with Words[M]. New York: Oxford University Press, 1975.

[5]BAGHRAMIAN M. Modern Philosophy of Language[M]. Washington: Counterpoint Press, 1999.

[6]CASSIRER E. An Essay on Man:An introduction to a philosophy of human culture[M]. New York: Doubleday, 1944.
[7]CASSIRER E. Language and Myth[M]. New York: Dover Publications Inc., 1953.
[8]CLOEREN H J. Language and Thought: German Approaches to Analytic Philosophy in the 18th and 19th Centuries[M]. Berlin: Walter de Gruyter, 1988.
[9]CHOMSKY N. Cartesian Linguistics: A Chapter in the History of Rationalist Thought[M]. New York: Harper and Row, 1966.
[10]COOK J W. Wittgenstein, Empiricism, and Language[M]. New York: Oxford University Press, 1999.
[11]ENGELMANN P. Letters from Ludwig Wittgenstein, with a Memoir[M]. Oxford: Blackwell, 1967.
[12]FENNEL J. A Critical Introduction to the Philosophy of Language[M]. New York: Routledge, 2019.
[13]FORSTER M N. After Herder: Philosophy of Language in the German Tradition[M]. New York: Oxford University Press, 2010.
[14]FOSTER M N. German Philosophy of Language: From Schlegel to Hegel and Beyond[M]. New York: Oxford University Press, 2011.
[15]FOUCAULT M. L'archéologie du savoir [M]. Edition Gallimand, 1969.
[16]FOUCAULT M. The Archeology of Knowledge and The Discourse on Language[M]. New York: Pantheon Books, 1972.
[17]GENOVA J. Wittgenstein: A Way of Seeing[M]. New York: Routledge, 1995.
[18]GEBHARD W. Nietzsches Totalismus[M]. Berlin:Walter De Gruyter Incorporated, 1983.
[19]HACKER P M S. Insight and Illusion[M]. New York: Oxford University Press, 1972.

[20]HACKER P M S. Wittgenstein's Place in Twentieth – Century Analytic Philosophy[M]. New York: Blackwell Publishers, 1996.

[21]HALLETT G L. Linguistic Philosophy: The Central Story[M]. Albany: State University of New York Press, 2008.

[22]HOBBES T. Leviathan[M]. New York: Oxford University Press, 1998.

[23]DANIEL D H. Wittgenstein and the End of Philosophy: Neither Theory nor Therapy[M]. New York: Palgrave Macmillan, 2006.

[24]KENNY A. Frege: An Introduction to the Founder of Modern Analytic Philosophy[M]. New Jersey: Wiley – Blackwell, 2000.

[25]KIRK R. Translation Determined[M]. New York: Oxford University Press, 1986.

[26]LANDINI G. Wittgenstein's Apprenticeship with Russell[M]. Cambridge: Cambridge University Press, 2007.

[27]FORMIGARI L. A History of Language Philosophies[M]. Amsterdam: John Benjamins Publishing Company, 2004.

[28]LYCON W G. Philosophy of Language: A Contemporary Introduction [M]. London: Routledge, 1999.

[29]LOSONSKY M. Linguistic Turns in Modern Philosophy[M]. Cambridge: Cambridge University Press, 2006.

[30]MACCUMBER J. The Company of Words: Hegel, Language, and Systematic Philosophy[M]. Evanston: Northwestern University Press, 1993.

[31]MAJOR D R. First Steps in Mental Growth [M]. New York: Macmillan, 1906.

[32]MEY J L. Concise Encyclopedia of Pragmatics[M]. Oxford: Elsevier Science Ltd, 1998.

[33]MONK R. Ludwig Wittgenstein: The Duty of Genius[M]. New York: The Free Press, 1990.

[34]MOUNCE H O. Wittgenstein's Tractatus: An Introduction[M]. Chica-

go: The University of Chicago Press, 1981.
[35]NORDMANN A. Wittgenstein's Tractatus: An Introduction[M]. Cambridge: Cambridge University Press, 2005.
[36]OSTROW M B. Wittgenstein's Tractatus: A Dialectical Interpretation [M]. Cambridge: Cambridge University Press, 2001.
[37]PETTIT P. Made with Words: Hobbes on Language, Mind, and Politics [M]. Princeton: Princeton University Press, 2008.
[38]QUINE W. Word and Object[M]. Cambridge: The MIT Press, 1960.
[39]RICHARDS I. Towards a Theory of Translation[C]// WRIGHT A F. Studies in Chinese Thought. Chicago: University of Chicago Press, 1953.
[40]RORTY R. The Linguistic Turn[M]. Chicago: University of Chicago Press, 1967.
[41]RORTY R. Philosophy and the Mirror of Nature[M]. Princeton: Princeton University Press, 1979.
[42]RORTY R. Contingency, Irony, and Solidarity[M]. Cambridge: Cambridge University Press, 1989.
[43]RUSSELL B. A History of Western Philosophy[M]. New York: Simon and Schuster, 1967.
[44]RUSSELL B. The Philosophy of Logical Atomism[M]. Chicago: Open Court, 1985.
[45]SEARLE J R. Intentionality: An Essay in the Philosophy of Mind[M]. Cambridge: Cambridge University Press, 1983.
[46]SLUGA H, STERN D. The Cambridge Companion to Wittgenstein[M]. 北京:生活·读书·新知三联书店,2006.
[47]STENIUS E. Wittgenstein's Tractatus: A Critical Exposition of its Main Lines of Thought [M]. Oxford: Blackwell, 1960.
[48]SURBER J O. Hegel and Language [M]. New York: State University of New York Press, 2006.

[49] SWALES J M. Genre Analysis: English in Academic and Research Settings[M]. 上海:上海外语教育出版社,2001.

[50] VON WRIGHT G H. Wittgenstein[M]. Oxford: Blackwell, 1982.

[51] WEILER G. Mauthner's Critique of Language[M]. Cambridge: Cambridge University Press, 1971.

[52] WITTGENSTEIN L. Tractatus Logico - philosophicus [M]. London: Routledge and Kegan Paul Ltd, 1961.

[53] WITTGENSTEIN L. NOTEBOOKS, 1914—1916[M]. New York: Harper and Row Publishers, 1961.